福祉って本当にこれでいいの？

「自立や成長」[illegible]や技術」だけが支援なのか

金原知宏

モモンガ

第4章 「児童」と「障害」の領域を超えて …… 105

まえがき　「いい支援」のために勉強は必要か？

福祉って、本当に知識が必要なものなのだろうか。

いろいろな人と福祉や知的に障害のある人の話をすると「資格がないと関われないのではないか」とか「勉強しないと分からない」とか言われたりする。多くの人が障害のある人と関わっていくには「福祉の知識」が必要で、難しいと感じているようだった。たしかに難しいとうなずく半面、福祉ってそのようなものだっただろうか、とひっかかるものがあった。

知識があればいい支援ができるかと言えば、そうでもない気がするから「知識や資格」と「支援の質」を単純に結びつけてしまう考え方に私は違和感を持ってしまう。

たとえばボランティアや新人の頃は技術や知識がない分、情熱や意欲だけで関わろうとするから、豊かな心の交流が生じていることがある。純粋な関心は素直な態度として現れるので、相手に伝わるのだ。そういう人はたぶん「分からない」ことを理由に難しく考えたりしないだろうし、「分からない」からこそ「知りたい」と関わっていくのではないか。一方で熱意はなくとも技術があれば、それなりに関わることはできる。しかし、それがいくら「技術的で正しく見えるやりとり」でも、表面的な態度かどうかを、見抜く人はいる。技術に頼っても、関心の薄さが透けて見えてしまうと、関係性は冷めたものになってしまうし、正しいやりとりをしているのになぜか信頼されなかったり拒絶されたりしてしまうこともある。

技術は必要だとは思うけれど「それは正しくとも幸せに繋がるやりとりだろうか」と考えると技術だけでも足りないようだ。あたたかな思いやりや愛情をもとにした関心の高さは、その技術の未熟さを更新していくのではないか。

志を持って働き始めたら、「この人のために」「あなたが大切だから」という理由で頑張ると思う。しかし、慣れや忙しさによって初心が薄れ、いつの間にか「給与のために」や「仕事だから」という理由になってしまっても、「技術的なやりとり」と同じことが言えるのかもしれない。愛情や信頼などの心理的にあたたかなものが基本にないと、利用者との関係は続いていかないような気がしている。

障害のある人を「理解」し、「関わる」ことは、多くの人にとって難しい。だから、それを誰であっても可能にするものが「技術」だと思っている。技術とは「相手のためにどう使うか」が大切なのだ。

ちょっとした自己紹介だが、私は社会福祉士の資格を取得後、一年半ほど学童で働き、障害福祉施設で現在に至るまで十年ほど福祉施設で働いて、社内の従業員の研修を担当している。従業員の中には、福祉を学んできた人もいれば、そうでない人もいる。新卒や中途の従業員をはじめとして、社会福祉士養成で実習をしにきた大学生にも「いい支援ってなんだろうね」と投げかけている。

私が大事にしているのは、福祉に関わっていく人が、自分なりの答えが見つかるように、「どうしていきたいか」「どういう関係を利用者と結びたいか」に耳を傾けて、その質問への答えを一緒に考えたいということなのだ。でも、仕事であり、支援である以上は何らかの「回答」は必要だから、いつも手探りでやっている。教えながら、私も多くのことを学ばせてもらっている。今ではSNSで悩み相談もしていて、福祉とは全然関係のない人の話も聞いたりしている。必要に応じてカウンセリングのようなこともする。

いきなり悩み相談を受けることができるようになったわけではない。私はこれまで、本当にたくさんの失敗をしてきた。そのたびに、たくさんの方に支えられ、いろいろなことを学びとって、なんとか今日までやってきた。SNSで悩み相談を受けるようになって、私が経てきた全ての経験が糧となって、誰かの力になっているのかもしれないと気づいたとき、私がつくってきた轍（わだち）は、きっとこれから福祉を仕事にしようと考えるあなたの役にも立つのではないかと思ったのだ。それで、私は心を決めて、本を出すことにした。

たくさんのものを与えてもらった私が、今度は顔も知らない福祉を志すあなたに、何かできることをしたいと思って、こうして本ができました。

よかったら福祉について一緒に考えてみませんか？


〈この本の表記について〉

ここでは福祉のサービスを提供する人を「支援者」、福祉のサービスを利用する人を成人の場合は「利用者」、児童の場合は「子ども」と呼ぶ。利用者は作業所や障害者雇用で働く、または入所施設を利用する軽度から中度に精神や知的に障害のある人を想定している。

第1章　福祉に出会う

1 きっかけ——街と「死」の関係性から考える福祉

この本を手に取ってくださったあなたは、どのような理由から「福祉」を志したのだろう。

私の場合は「学問として面白そう」という理由からだった。

やっとの思いで大学生になった私は、将来やりたいこともなかったのだけれど、とりあえず何か見つかるだろうと思って勉強ばかりしていた。目的もなく勉強するというより、ただ、したい勉強を思いっきりできる大学生という環境は、今振り返ってもいい時間だったと思っている。とはいえ、私が勉強に打ち込んでいた理由の中には、「逃げ」も入っていた。「仕事」や「将来」というものは漠然としていて、自分には自信がなかったから、「具体的に何をして自分は生きていくのか」という部分を見たくなかったのだ。でも、進路選択はしていかなくてはいけなくて、それは学年が上がって「何を専門的に学ぶか」という選択においても同じだった。私は人間科学の学部学科にいたから、2年次に「福祉」「心理」「社会」の3つのコースの中から専門を選ぶことになっていた。

2年次の始まりに開かれたコース選択の説明会。すべてのコースの説明を聞き、私は福祉の話に純粋に興味を持った。

そのときの話は、こうだ。

街は人が亡くなることを想定していない。人が亡くなって、医療関係者が来たときに、エレベーターがなかったり通路が狭かったり、死んだ人を運ぶだけの広さが全然考えられていない。人は住居で亡くなるのではなく、病院などで亡くなるという前提で生きていて、「死」は非日常として扱われている。

死が非日常などと考えたこともなかったし、福祉というのは介護とか虐待とか、障害などといったものだと思っていたから、そのときの話は進路とか将来とか難しいことを抜きにして、純粋に興味深く聞いていた。面白そうだと思ったのだ。

2年次から福祉コースを選んだ後も、意外にも福祉コースのオリエンテーションの話は深く心に残っていた。ふと、「福祉とは多くの人が当たり前になっていて気づかないものに切り込んでいく学問なのかもしれない」という考えに至ったとき、心の中の何かが動いた。詳しくは後述するけれど、私は幼少期から誰かに理解されなかったり、生きにくいと感じたりしていた。その正体が、福祉を学ぶことで紐解けるのかもしれないと感じたのだ。当時は、まさか自分が社会に出て本当に福祉の道に行くとは思っていなかったが、今から振り返ると、その可能性はすでに十分あったのだろう。その予感は当たっていた。自分の人生の紐解きと福祉実践は驚くほど密接に絡み合っていた。

2 学童——教科書通りにはいかない

そうして福祉を本格的に学びはじめ、講義が増えていく中で、母親からアルバイトとして学童を紹介された。特段子どもが好きというわけではないし、将来的に児童関係の仕事をするというイメージもなかったけれど、自分も「福祉を勉強していることだし、学童で働いてみることで、何か学べるかもしれない」という理由で、誘われてアルバイトをしたのが福祉実践の始まりだった。

学童のアルバイトとして、一緒に遊んだり、宿題を見たりと、子どもと関わり始めたのはいいけれど、子どもたちとうまく関係を作っていくのは、思うようにいかないことばかりだった。そもそも、私は友達作りをはじめとして、人間関係がそれほど上手なほうではなかった。どちらかと言うと、人と関係を築いていくことへの苦手意識のほうが強かった。同年齢の友人関係さえ上手く作れない私が、年齢が全然違う子どもと信頼関係を作っていくのは、なおさら難しい話だ。だから、アルバイトを始めた頃は何か叱らなければいけない場面があっても、上手く注意ができなかったりして、正規の支援者から見ているだけの姿勢を咎められたりした。しかし、どのような声かけをすればいいのか分からず、困惑するばかりだった。大学の児童福祉関係の教科書を参考に子どもたちと関わろうと、本をめくってはみたけれど、そこにあるのは障害や発達課題の説明だけ。「子どもとどうやって関係を作るか」といったノウハウは書いてはいなかったのだ。

今でもよく覚えている場面がある。おやつのあと、ある子どもが乱雑に食器を片づけていたときのことだ。その子はたしか、自閉症スペクトラムだったと思う。支援が教科書通りにはいかないことを痛感した出来事だった。自閉症スペクトラムの子どもと関わるときの声かけの要点について、「短く丁寧に」「分かりやすい言葉で」「具体的に」などと教科書には書かれていた。だから、私も教科書通りに、皿を置く場所を指さして「ここにゆっくり置いたらいいんだよ」、とその子に伝えてみたけれど、「うるさい」とひとこと言うだけで、聞く耳を持ってくれなかった。それまで全く、福祉の現場に入ったことのなかった私は「経験などなくても、とにかく教科書の通りにやれば上手くできるのではないか」という期待を持って学童のアルバイトを始めていた。実際、私は勉強には手を抜かなかったし、人よりも知識を持っているはずだった。しかし、そのような期待や自信は、その子どもの「うるさい」の一言で簡単に砕かれてしまった。

結局、本人に確かめられたわけではないので、その子が粗暴な態度を取っていた本当の原因は分からない。でも、今にして思えば、皿の扱いが「分からなくて」乱雑だったのでなくて、きっと「いらいらしていて」乱雑だったのではないか。子どもの立場になって考えるなら、苛立っているのに「こうした方がきれいに片づけられるよ」などと言われたら「うるさい」のひとことも言いたくなる。もしその場面を、自閉症スペクトラムという特性を抜きにして「なんか嫌なことでもあったのかな」と思えていたら、全然違った声かけになったのだろう。今思えば、その施設は学校の教室の半分くらいの大きさの部屋で20人くらいの子どもたちがひしめく環境で、その子からしたらストレスの多い場所だったに違いない。しかし、当時の私は子どもの置かれている状況などを理解しようともせずに、「障害って難しいな」と思ってしまっていた。ようはそれだけ子どものことも、障害のことも、なにひとつとして分かっていなかったのだ。

3 つまづき――怒ると叱るは違う

そのアルバイト先の学童で、とりわけ信頼を寄せてくれた子がいた。その子をAくんとすると、Aくんはほかの友達と関わろうとしない子だった。多くの子がみんなの中で遊んでいくさなか、彼は一人でぽつんとほかの子の遊びを眺めていた。Aくんを見たとき、「本当は友達と遊びたいのかもしれない」と感じた。でも、これは私の勘違いなのかもしれないし、大人の考えの押しつけになってはいけない。だから、まずはAくんがどうして一人でいるのか、関係を作って探ってみることにした。

何かとAくんを気にかけて見ているうちに、まずはAくんと私の一対一で遊ぶ時間が増えていった。それとなく、「みんなと遊ばないの?」と聞いてみたら、Aくんは「遊ばない」と首を振る。「一人が好き?」と聞くと、それも違うらしい。話をしていくうちに、どうやらその子は「どうやって輪の中に入ればいいのか分からなくて、しりごみをしてしまった結果、一人になってしまう」ことが分かってきた。

それからというもの、私はAくんと丁寧に向き合う時間を作りつつ、大勢で遊ぶ機会がつくれるよう意識した。私が子どもたちの輪の中で遊ぶことになったときは決まって「Aくんも入れてほしいんだけど、どう？」と、誘ってみる。でも、Aくんは「いいよ」とためらってしまう。「じゃあ、入りたくなったら言ってよ」と少し考える時間をとってもらい、Aくんと離れたり傍にいたりをくりかえしながら、「一緒に遊んだらきっと楽しいよ」というメッセージを、しつこくならないように何度も伝えていた。できることなら「誰かと遊ぶのも、一人でいるのも、自由に選べる」ということを大事にしてほしかった。

そのようなことを繰り返すうちに、その子は自然と友達の輪の中に入れるようになっていった。最初の頃こそ、私がいないと不安そうにしていたが、いつの間にか、私がいなくても友達と楽しく遊べるようになっていた。

ある日、Aくんの保護者が別の職員と話している中で、「金原さんにお礼を伝えてほしい」と言ってくださったことがあった。Aくんは家に帰ると、私の名前を挙げながら、かけっこ遊びをしたとか、こういう風に過ごしたとか、保護者に楽しそうに話していたのだという。学童で上手くなじめるだろうか、と心配していた保護者としては、いつも気にかけてくれる職員がいて、子どもも楽しく過ごせていて、とても安心したということだった。

　その話を聞いて、私はとても嬉しくなった。私としては、子どもたちに学童にいる時間を楽しく過ごしてほしいと思って試行錯誤した結果で、仕事として頑張っただけのことだったのだが、「子どもと関係を築くことが、その保護者や家庭を支えているのかもしれない」という発見は胸があたたかくなるものがあった。

　その後、学童の職員を目指すきっかけとなる出来事があった。それは、学童の子どもたちと外遊びに行ったときのこと。友達の輪に入れるようずっと気にかけてきたAくんが、「一緒に遊ぼう」と、ジャングルジムに向かって私の手を取って走り出した。手を引かれるままに走る私は改めて、Aくんの手がとても小さくてあたたかく、一生懸命に生きていることに「衝撃」を受けていた。「子どもは大切な存在」という理屈は頭で理解していたけれど、実感として、その手は未来そのものだと思ったし、何があっても守られなければならないと強く思ったのだ。私が学校で学んでいることは、手を繋いでいるこの子をどうやって大切に育むか、ということなのだと腑に落ちたのだった。私は、Ａくんが私から離れた後も、私なりに子どもの傍で見守れるような立場でありたいと思った。そのときから私は本気で福祉を仕事として志し始めたのだった。

福祉を志すことを決意して、すぐのことだった。私は、子どもたちとの信頼関係の構築に、またしてもつまずいていた。子どもたちが言うことを聞かなくなっていたのだ。学童を将来の進路に決めてから、指導員として「ちゃんとできるようにならなければ」と気負い始めていた私は、子どもたちに言うことを聞かせることが正しいと思い込んでいた。でも、注意をすればするほど、子どもたちは言うことを聞かない。どうすればいいのか、焦るほどうまくいかなかった。

子どもが机に乗る。私が注意する。子どもが笑い、言うことを聞かずにずっと机に乗っている。そうしたら、私はその子の手を取って机から無理やりにでも降ろすしかなくなってしまう。そして、床に降ろされた子どもは、もっとはしゃいで再び机に乗る。どう見てもわざとやっている。その子の悪ふざけを止めようと思って、私がもっと強く怒るしかなくなる。そういうやりとりがいいわけがない。しかし、そうして怒っている私に、あるときふと、一つの気づきがあった。

「何度言ったら分かるんだ」
「言うことを聞かないからこうやって怒られるんだ」

私が学童で子どもたちに怒っていた言い方が、私の親と同じだったのだ。

子どものころ、親の怒り方がどうしても嫌だった。一方的な言い方には傷つくものがあったし、もう少し「子どもの事情」を聞いたり、できなかったことがあるのなら、どうすればいいのかを一緒に考えたりしてほしかった。できないから怒られる、という体験を重ねたことで、できない人が悪いのだから、怒鳴って指摘をしてもかまわない。私もそのような考え方になっていたのだと思う。自分が子どもたちに発する怒りの声が、親の怒り方と重なっていると気づいたとき、突然我に返り、混乱した。ショックだった。親のような大人にはならないと心に決めていたのに、自分がそうなっていたことが、悔しくてならなかった。でも私は将来の職業として学童を目指し始めていて、このままではいけないと思った。どうにかしないといけなかった。

そこで、私は怒る前に、「してはいけない」とか「許せない」という気持ちの奥にあるものに目を向けていった。子どもの行為を私自身が許せない理由を辿ると、見えてきたのは子どもの頃に親から叱られたときの「私の気持ち」だった。私にも子供なりの自尊心というものがあったのに、それを親から大切にされてこなかったことがつらかったのだ。両親は、私が「できないこと」を、一方的に理詰めで指摘した。私の言い分や理由は聞いてくれない。「なぜできないのか」と言われても、小さな子どもだから、忘れてしまうこともあれば、自分自身でも失敗したことは分かっているのに、その原因がよく分からないこともある。親から「できない理由」を問い詰められても、上手く答えられなくて、どうしていいのか分からなくなって、泣いてしまうことが多かった。

そこに追い打ちをかけるかのように「前にも言った」などと突き放すような言われ方をされてしまうと、もはや親に対して「ごめんなさい」と謝るしかなかった。親との話が終わっても、一人でいる時間に「これからどうすればいいのだろう」と途方にくれてしまうこともしばしばだった。親から怒られたとき、まるで逃げ場がなく追い込まれていくような感覚は、目の前の親が敵でしかないと感じるような、苦しい体験だった。

子ども時代の私が、親との関係で感じていた「怖かった」とか「苦しかった」とか、「話を聞いてもらえなくて寂しい思いをした」とか、そういう「寂しさ」という感情。自分の気持ちを分かってもらえない子どものときの寂しさが怒りになり、私の心の奥底でずっとくすぶっていたようだ。親から決して許されることのなかった子どもの私が、大人になった今もなお心の中で「寂しい」「悔しい」と怒るから、私は目の前の子どもを怒ってしまう。そういう流れがどうやらあったらしい、ということが分かってきた。

自分の状態がよく分かるようになると、机に乗る、宿題をしたくないと言う、友達を叩く、そういった行動の中にある、「なぜ？」に耳を傾ける余裕ができるようになった。「私だったらどういう気持ちでそれをするだろう」とか「そのとき大人からなんて言ってほしいだろう」などと子どもの視点を追うことで、私と子どもたちとの関係性は少しずつ変化していった。

「なぜ？」に耳を澄ませることは、同時に自分自身の心の声を聴くことと同じだった。子どものことを考えながら、自分はなぜ注意したいのかを考えてもいる。さらにどのような言い方をすれば、その子が分かってくれそうかを想像する。どのような言い方をしたいのかを、自分自身に聞いている。だからなのだろうか。子どもに「どうしてそういうことをしたの？」と理由を尋ねることが多くなった。子どもたちが喧嘩をしたときは「何が嫌だったの？」とか「何を伝えたかったの？」と聞くこともあった。注意をするときに、「なぜいけないのか」を説明することが増えていった。子どもの気持ちを確かめながら、それに合う言い方を探すのが当たり前になっていったのだった。

それは「子どもと自分はどのような関係を作っていきたいのか」という関係性を考えるのと同じことで、相手と自分に一体的に向き合う、不思議な過程だった。ゆっくり子どもの話を聞いているとき、なぜか泣きそうになる自分がいた。そうか、と思う。私自身も子どもの頃、大人からそのように話を聞いてもらいたかったのだ。それは何か心の大きな許しや癒しのような、私の内側が動くような体験だった。

私は子どもに寄り添うことを通して、自分自身に寄り添っていたのだろう。幼少の頃から言えなかった気持ち、思いや、葛藤、寂しさや悲しみを、子どもに重ね合わせて代弁することによって。あるいは、子どものそうした言葉に、耳を澄ませることによって。そういうとき、私は決まって、泣きそうになってしまう。それはきっと「親にそう言ってほしかった」という、私の子ども時代の悲しみや寂しさを改めて拾い上げる作業だったのだろう。私は今も、その過程の中にいるのかもしれない。

子どもの話に耳を傾けて、その子を理解することに努めているうちに、子どもの状態像に心理／状況的な理解が加味されるようになる。前の例で語った自閉症スペクトラムの子について言うのであれば、皿を乱暴に片づけても「どうしたの？　なんかあった？」というように尋ねるようになっていた。それでも「うるさい」と返ってくることはあったのだけれど、「割れるかもしれないし、けがをするかもしれないから、気をつけて」と添えるようになっていた。言うことを聞いてくれることもあった。時間はかかったけれど、そういうことがやっとできるようになったのだった。

いつもはなんとなくしていた一つ一つのやり取りを大切に意識的に積み重ねるようになって、子どもたちとの「関係」ができていった。人間関係は、自分の思いだけでは一方的に作ることはできない。相手がいて、互いになんとなく分かってきて、関係性が揺るぎないものであることを確信していくことで、絆や信頼へと変わっていく。他人を当たり前に信じて関わるということは、そうした努力の積み重ねによって成り立つのだった。

4 過去回想――支援の歪みは成育歴から

親から怒られてきた、その口調が嫌だったことはさきほど述べたけれど、ここではもう少し詳しく掘り下げて、私の成育歴の話をしたい。正直自分の過去はあまり思い出したくない部分もあるのだけれど、この時期なくして今の自分はないので、受け入れるつもりで書いてみようと思う。

私の家族構成は父と母、兄と私の四人。年の離れた兄は、私と違って要領がよく、頭がよかった。一方で、私は小学生の頃から勉強が苦手だった。だから、母親からは、よく兄と比較されていた。たとえば、小学六年生のときに一人で電車に乗れたけれど、私は中学生になってもできなかったとか。兄はテストで高い点を取ってくるのに、私は全然点数が取れないとか。私は物覚えも悪かったから、何度も同じことを親や先生に聞いてしまっては、「できないこと」を叱責されるのが常だった。そうしていつの間にか、いくら勉強しても成績の上がらない私に、両親は「どうせやってもできない」という評価をしていた。

私からみて、両親は機嫌屋で、いつどのようなタイミングで怒るか、いつ言っているこ とが変わるか、全く分からなかった。だから、親の顔色を伺ってばかりいた。私は親に味方であってほしいと心のどこかで願っていたが、実際には私にとって親という存在は肯定も否定も親の機嫌次第で、安心感のないものだった。家の中にいても、いつも不安だった。私はここにいてもいいのだろうか、という気持ちがあった。そういう環境下で、毎回親に叱られては、「親が言うとおりだな。本当に自分は能力が低くて駄目だ」と思っていた。家族の中で、私だけがお荷物になっているように感じていた。人は誰からも褒められず、自己肯定感が極端に低いままでいると、段々と何ごとも頑張れなくなってくる。大学受験の頃の私が、まさしく「頑張れなくなる」一歩手前にいて、ここで失敗したらもう二度と努力ができないかもしれないという危機感のようなものまで感じていた。このままではまずいから、変化を起こしたい。その一心で、何とか気持ちを奮い立たせて、大学受験を乗り越えたのだった。

こうして振り返ってみて「できないことが多い自分」にまつわる生きにくさ

を、誰かに理解されたいと思っていた私が、福祉に出会うことは必然だったのかもしれない。そして、福祉を学んだことで、私は過去の自分が置かれていた環境を客観的に見ることができるようになった。自分の中の過去の物語と今の自分が繋がったのだ。児童関係の本や虐待の本を読む中で、本に書かれていた心理的な動きと自分の心の動きに、当時の自分と一致する箇所が見つかってくる。「人を信じられない」に始まり「頑張れない」「長続きしない」「無気力」「投げやり」「自分は愛される価値がないと思っている」「人を試したくなる」など、あらゆる項目が自分に当てはまり、愕然とするしかなかった。自分がどうか普通であってほしいと、漠然とした不安を抱えて生きてきた中で、それが虐待を受けた子どもと同じような心理状態にあると知ったとき、それはとても衝撃的で心に穴が開くように感じるほど痛くて、ひどい気分だった。私はどれだけ自分の悲しみと痛みに無自覚でいたのだろう。今まであまりこの話をしたことはないけれど、言葉にしていいのであれば、毎日毎日、死にたいとすら思っていた。子供の頃からずっと、そう思って生きてきたことに、このときはっきりと自覚したのだった。

福祉という学問のおかげで、自分の家族関係や自分自身について、深く理解ができたからこそ、就職活動に関しても、私のことを否定ばかりする両親に疑問がわくようになった。

これ以上、この家にいたら自分は駄目になる。早くここから出て行かなくてはいけない。でも自分に一人で生きていく力があるとはどうしても思えなかった。「自分は駄目だ。いや、そんなことはない。でも……。」そのような揺らぎの中にいつもいた。結果として、私は就職と同時に家を出た。そこから、駄目な自分とさらに嫌と言うほど向き合うことになるのだが、それは次の項目で話すことにしよう。

ここまで、子どもの私目線からいろいろと書いてきたのだけれど、今、当時を振り返って親の目線から子どもの頃の私を想像してみると、私は移り気が激しくて長続きせず、とても育てにくい子供だったと思う。そういう意味で、両親が私の心にちゃんと根づいて信頼関係を結ぶことは、どれだけ難しかっただろう。今の私が昔の自分を見たら難しいケースだと思うだろう。それでも、当時の「理解されたい」「寂しい」という気持ちは、未だに私の心を締めつけることがあるのだけれど。

5 進路選択――就職先に学童を選ぶ

大学卒業後は学童の指導員になりたいと思ったものの、周りの教員や親たちは反対した。

「学童では（給料の面で）食べていけない」

「大学に入ってまで、学童に行くのか」

「学童なんて誰でもできる」

そのような言葉を浴びながら、しかしアルバイト経験から、「本当にそうなのだろうか」と疑問に思っていた。「学童とは福祉の専門性の問われる仕事ではないのか。それをこれから確かめに行こう」という気持ちが、なおさら学童への就職に私を向かわせていた。一方で、周囲の人に本当は応援してほしいと思っていたから、批判されるのは正直ショックだった。認められない進路を進むというのは心細かったが、気持ちが揺れることはあっても、誰に何を言われても本当にしたいことを仕事にするという気持ちは薄れないから、かえって思いは強くなっていたのかもしれない。

とはいえ、あまりにも周囲から反対されるので、福祉をもう少し広く見てみようと、障害者施設の採用試験に応募したこともあった。しかし「学童に行きたいと思っている自分が軽はずみな気持ちで入社試験を受けていいのか」という罪悪感のようなものがあった。実習試験で、私は試験担当の方のもとで、一日の流れを聞きながら利用者を見ていた。

実習試験の終盤で、意志の疎通ができず、歩行がうまくできない利用者をテーブルから車いすに誘導する、という課題に取り組むことになった。しかし、私の呼びかけに反応はなく、その方は体格がしっかりしていたため、力でどうにかなるという感じでもなく、私はただ見守るしかなかった。結局、その後の振り返りで担当の方から「この仕事はゆっくりしている時間がない、というのは説明したが、なぜ何もせず黙って見ていたのか」と指摘された。私は「利用者の様子を見ようとしていた」と黙ってみていた意図を説明したが、「仕事において、分からなかったら聞くのが当たり前で、報連相とはよく言うが、それが全然できていない」という評価を受けてしまった。

その試験は最終面接まで進めたものの、面接官から仕事場と自宅の距離を指摘され、引っ越す覚悟があるのかと聞かれて私ははっと我に返った。「この職場では、遠方の人は住まいを通勤圏内に変えるくらいの覚悟でこの場にいるものなのか」と思うと、軽い気持ちでこの場にいる自分をいたたまれなく感じたのだ。面接の最中、この仕事が仮に採用となったら自分は学童をあきらめるのだろうか、などと考えていたが、考えるまでもなかった。答えは学童に決まっていた。面接官の方に忙しい中時間を割いてくださっているのも申し訳なくなって、恥ずかしくなった。結局は最終面接のやり取りで辞退の意を示して終えることになる。帰り道は学童の就活一本という気持ちが固まって、むしろ晴れやかな気持ちだった。学童以外の施設を見たからこそ得られた感触だったので、結果的には希望する職種と違うところを受けたのはよかったのだと思う。

年明けから学童の就活を始めることにしたが、そう上手くはいかなかった。私の住まいの周辺の学童を調べて、上から順に電話をかけて求人を問い合わせても、学童に必要な保育士も学校教職の資格もなく、「社会福祉士はちょっと」と門前払いをされることもあったし、男性というだけで断られることもあった。早くも挫折しそうになったが、児童指導員の資格が募集要件にある学童もあったので、どうにか希望を繋げて就活を続けていた。

面接では、アルバイトではあるけれど現場経験があり、即戦力としてのアピールを行っていくことにしたが「なぜ社会福祉士を希望する人がここに？」みたいな目で見られることもあれば「本当に学童でやっていくつもりなのか」と怪訝に見られることもあった。おそらく、社会福祉士という資格は福祉業界では就職に困らない資格なので「すぐ辞めるのでは」という疑いをかけられ、私の語りに首を傾げられてしまったのだろう。学童という現場や支援が分かっている感を出してしまったのも、生意気な新卒に映ってよくなかったと反省した。毎回面接の度に、ノートに面接官からの質問と、私の回答を書き出していた。

語り方を変え、社会福祉士を目指してはいるが、それは福祉業界をより知るためで、むしろ学童でこそ活かせるかどうかを模索していきたいという姿勢を前面に出した。あくまでバイトは「きっかけ」として語ることにした。地道な努力の結果、ようやく学童への就職を叶えることができた。

それから、学童に勤める中で、「支援する力」とはどういうことなのかを考えるようになった。実践は常に試行錯誤で、関わりがそのときは上手くできたと思っても、子どもの成長に伴いそれまで上手くいっていた関わりが上手くいかなくなることもある。子どもを知り、その時々で最善の手を打つために何が必要なのだろうかと、模索していた。私が辿り着いた手法は、自分の実践をノートにまとめて振り返り、その結果を真摯に受け止めて考察を重ねる過程を踏むことで、支援をする力を地道に向上させていくということだった。

振り返りノートの書き方は、何か決まった形があるわけではないが、私の場合は気になった場面を事細かに書き出していった。たとえば、子ども同士のけんかの仲裁の仕方や注意をしたときの子どもとのやりとり、おやつや片づけの誘導の声かけの仕方や、ほかにもうまく言えずにもやもやしたことなどを振り返っては、何を言えばよかったのかをまとめていた。

ある出来事についての前後関係。そのとき子どもは何をしていたのか、誰といたのか、自分はどうしたのか、ほかの支援者はどのように関わっていたのか、その後どうなったのか、心はその過程でどのように動いていったのか。考えられる可能性を書き出していった。最初は思い出せることは大雑把で失敗や反省ばかりで、子どもに何も言えなかった場面だったりした。次はどうするのか、なぜそれがいいと思ったのか、何を教えたいのか、伝えたいのか、変えたいのか、何をもって失敗だと思ったのか、そのときに自分はどう思って、判断し、何を意図して、そのような関わり方をしたのか。さらに、そのとき子どもはどう思っていたのか、そのときの状況はどうだったのか。そうしてどうなっていったのか。振り返りノートに書ける内容は、徐々にではあるが、芋づる式に増えていった。支援の振り返りをすることで、少しずつ、軌道修正ができていく。自分の中で、どういう関わりが上手くいくのかフィードバックが得やすくなっていくことで、支援がどのような手順で進んでいくのか、感覚的に分かってくるようになった。

たとえば、子ども同士が取っ組み合いのけんかをした場合。たまたま近くにいたので、その場に介入する、という場面を考えてみる。

叩かれた方が泣いていたとすると、どうして泣いているのかをその子に聞いていくことになるが、お互いに「叩いてきた」「叩いてきたから叩き返した」と主張されると、どういう経緯で叩くのに至ったのかが分からず、その場では「叩くのはよくない」という注意で終わってしまう。

しかし、後から振り返って、「あの子はどうして泣いていたのか」と考えていくと、そもそも二人のやりとりに私自身が最初から注意を払っていなかったことに気づく。そのとき、ほかの子と遊んでいて、しかも背中を二人に向けていた、と思い出せたなら、立ち位置がよくなかったと分かってくる。今後はなるべく死角を作らないように位置取りをして視野を広くする、視界に入らない子どもがいたとしても目配り気配りをして、なんとなく全体の子どもに注意を払うといった次の動きが分かってくる。この振り返りは、その現場で感じた自分の感情も含めて行うべきだ。過去の体験から感情が湧き起こったなら、向き合ってみる。

このように振り返りを重ねていくことで、位置取りからやりとりの具体的な内容へと改善点が変わっていったのだった。自分の考え方や価値観のもとに、子どもと向き合っていると、「暴力をしてしまう悪い子」という結論に行きついてしまうことがある。これでは対応を変える視点にはならず「この子が悪い」という考え方で終わってしまう。それでは何も変わらない。

まずは自分の考え方に焦点を当てて、多角的に振り返ることができるかどうかが、支援を軌道修正していくには必要なのだ。私の場合は、それを書き出すことで行っていた、ということだ。

こうして書き出すことで、子どもの言動と、そのときの状況、自分の客観的なふるまい、それらが俯瞰して見えるようになっていった。それらを総合的に踏まえて見立てをするが、大事なのはそれもまた一つの仮説にすぎない、ということだ。今目の前にある子どもの状態は成長過程の一部分であり、時間と共に変わっていく。いつまでも同じ関わり方が通用するわけではない。それは支援という名の検証を絶え間なく繰り返すことであり、支援とはとても科学的な過程で行われていることが分かる。

「利用者が分かる」「支援ができる」とは、これほどまでに多様な思考の過程にあるのかと、その奥深さに魅入った。しかし、その本質は、関わりが合っていれば上手くいくし、合っていなければ上手くいかない、という意外にもシンプルなものだったりする。支援の答えは利用者が変化という形で示してくれるだろう。

納得いかないことを書き出しているうちに、もう一つの新たな解釈が生まれ、やがて利用者の心情が腑に落ちる。自分の心情や思い込みのルーツが垣間見えたり、当たり前だと思っていた価値観がそうではないかもしれないと気づく。まるで目の前の壁に少しのひびが入って、割れ目の向こうに新しい視界が開けるかのように。そうすると、それまでの悩みが形を変えていたりする。

意図すればいいというものではないけれども、意図しなければよりよい支援へと近づくこともできない。支援とは、支援者が利用者の幸福について考える一つ一つの過程なのかもしれない。上手くいかないときほど、それは苦しい作業にもなる。自分の見たくない気持ちや弱さと向き合うことにもなるかもしれない。けれどもそうした日々の積み重ねこそが、確かに自分の糧になる。信念をもってこの仕事をやっていきたいと思ったとき、このような糧が、どれだけ自分を支えてくれるだろう。

6 研修――子どもの権利

学童での仕事を通じて、気づけば私は十年後を見据えていた。「これから先、私たちが支援した子どもはどのような大人になっていくだろう」とか、「今、自分に何が伝えられるだろう」とか、「どのような関わり方が必要だろう」とか。そういうことを考えてばかりいた。

私が関わる子どもたちは、今が十歳前後だとしても、十年後には大人になっている。目の前の子どもはそういう未来を持っている人たちで、自分が関わっていられるのは、子どもたちの本当に僅かな時間の中の一部分だと強く意識するようになっていた。子ども一人一人の傾向、性格、長所短所、あるいは課題、そういったものを総合して、その人生はどのようなものになっていくのか、想像しながら今を見つめて、関わっていく。そのような関わり方は、もしかするとその子の人生に何の影響も与えないかもしれない。それでもあきらめない。

もしかしたら何度も伝えたこの言葉の意味が、今は分からなかったとしても、十年後には気づくかもしれない。子どもたちに一度伝えて届かなかった言葉でも、根気強く何度も伝えていく。そこにいくばくかの願いを込めて。私にできることは、今から未来へと継続した幸せのために、子どもと関わっていくことだった。「支援者がいなければいけない」ではなく、「支援者がいなくても大丈夫」になっていかなければいけないと、児童福祉への見方が大きく変わったのだ。

支援の過程で、一度は依存的な関係にはなるかもしれない。でもそれは過程であって、いつか自立へと抜け出るものだ。子どもにその時期が来て自分の足で歩き始めようとしたなら、支援者は二人三脚のように伴走者として繋いでいた手を、段々と解いていく。目指すのは子どもの幸せだ。支援者を必要としなくなっていく子どもの成長過程を喜べないと、この仕事は虚しくなってしまうような気がする。そう気づいたとき、悟ったのだ。自分はこの学童の世界で起こるさまざまな物語の主人公じゃない。学童における支援者とは、子どもを主人公とする「伴走者」なのだと。

支援者は、子どもの人生からすると、生活の一部に登場した人物でしかない。支援者にとっては仕事で、子どもにとっては人生で、その人生をよりよくするために関われたかどうか、その手応えと願いだけを、未来に持っていけるのだ。

とある研修に出たときのことだった。研修会で出された事例で、ある子どもの姿が「自分勝手」というように語られていた。詳しい内容は覚えていないけれど、その子は支援者を突き放したり、近寄ったりと、愛着的な課題がありそうに思えた。事例を説明する支援者は関わりを模索しており、質疑応答で、「結局自分は子どものために力を尽くしても、子どもたちはそれを利用しているように見えてしまう。時々やるせなくなってしまう」と語った。

その「やるせない」という一言で、私は大学の実習を思い出していた。社会福祉士養成で行われた、さまざまな福祉施設に4週間泊まり込んで行う実習。私が選んだのは児童養護施設で、そこでの体験は衝撃的なものだった。親がいない、出て行った、育てられない。育てる気がない、入院している、貧困であるなど、さまざまな理由で、親と離れた児童が施設に入所しており、彼らは集団生活のユニット式（年齢層がばらばらで中には幼児もいる。高校生までの十人前後が生活する）で代わる代わる支援者から養育を受けていた。親と暮らすのが必ずしも幸せとは思わないけれども、その境遇、状況には「やるせない」ものがあった。高校に行けても、次に選択できるのは就職しかない子も多く、大学の進学も資金面や学習能力のハンディキャップのせいで選べないことが彼らの常だった。

ある日、私が夜に添い寝をした年長の幼児が「生きることが怖い」「死にたい」と言ったとき、私は言葉を失った。年長だから、たった5年生きたくらいの人生だ。そのような短い人生で、すでに死にたくなってしまうというのはどれほどの苦しみだろう。それはいくら想像しても追いつかないようなものだった。施設を出た後、親がいないというだけで就職という進路しか選べないことも、「やるせない」と感じた。子どもたちにはどうしようもできない、社会的な課題のせいで、選択肢を狭められているのだ。

せめて、進路が就職だけではなくて、何かやりたいことへの選択肢が少しでもあるような状況にならないものか。資格を取りたいでもいいし、何かやりたいと思ったことへの後押しのような制度はないものなのか。親のいない環境で育ち、大人との関係が必要な時期に、その体験が埋めがたいものがある中で、施設を出たら働かなくてはいけない、ということの現実が、あまりに理不尽なのではと憤った。

施設を出て働いた人たちは、今度は自分の人生をどうやって作っていけばいいのだろう。そのときに味方になってくれる人はいったいどれくらいいるものなのか。思ったことをそのまま担当の支援者にぶつけても「大学に行っているのがそんなに偉いのか」と言い返されて終わるだけだった。

果たして児童養護施設の子どもたちは、自分の意志で「大学に行かない」という選択を選んでいることになるのか。それは本人の問題ではなく、社会の問題ではないか。きっと当時の私は、議論がしたかったのだ。どうすればこの社会がもっとよくなるのかを、誰かと考えたかったのだろう。支援を通して社会を考えてこそ福祉だと、思ったのだろう。

だから、参加した研修で「子どもが大人を利用しているように見える」という趣旨の発言に対して、そのときの実習を思い返しながら、私は違う見方を言った。利用するって、それほど悪いことだろうか。「利用すればいいいんじゃないか」と私は言った。養護施設での実習で、親がいない、自分の味方を切実に求める、上下関係で生き抜くための振る舞いを身に着ける、そうした状況下で生活するあの日の児童の姿を思い出していた。「そもそも子どもは社会的に弱い生き物だし、大人に守られなければ生きていけない存在だ」と。「彼らが生きていくために大人を利用するように見えても、それは仕方ないのではないか。むしろ、そういう存在だということを踏まえて関わっていくことで育まれる関係を、こちらは大事にして見守っていけばいいのではないか」と。

そのように話しながら、全然関係ないけれど、以前読んだよしもとばななの小説『キッチン』で「利用してくれよ」と主人公に語りかける男の人が思い浮かんだ。寄り辺のない主人公に対して全てを受容するように接する男が口にした「利用」という言葉は、慈悲というか圧倒的な赦しというか、人柄から滲み出た優しさによるものがあるように思えた。最後に人を救うのはそういう「すべてを受け止めるほどの優しさ」のような気がしたのだ。福祉もそうであってほしいと、私は思ったのだ。

研修が終わって、席を立ったとき、私よりも二回りくらい上の年齢の方から、「とても大切な意見だと思いました」と話しかけられた。「利用してもいい、なんて、若いのによく考えられていますね」と。「あなたはいい支援者になりますよ」と、その人はおっしゃってくださった。

あれから何年も経ち、果たして私はいい支援者になれただろうか、と時々思い返す。目の前の子どもにとって、私はそういう存在でいるだろうか、と。その度に、あの日いただいた言葉に恥じない自分でいたい、と強く願う。

その後もいろいろな研修に参加したが、とある研修で講師の名前に心当たりがあった。卒業論文で参考にした書籍の著者だったのだ。その書籍にあった考え方に、「一人ひとりに合った支援をする必要があり、三十人の子どもがいれば、三十通りの状態と支援がある」というものがあった。私はその考え方に大きく影響を受けて、そういう一人ひとりに寄り添える支援者でありたいと思った。大学時代に目指した人が、今目の前で教鞭を執っていることに言葉にできないものを感じた。さらに、研修でその講師が話す度に感じられる、書籍に書かれた言葉と何も変わらない姿勢が胸を熱くさせた。あのとき指針にしようと思ったその人は、いまだに福祉の最前線で熱量を保ったままの姿勢で、戦っているのだと思うと、自分の価値観や大切にしたいことは、間違っていないと何度も勇気づけられた。話しかけたいと思ったが、面識のない若者が突然近づいてきて握手を求めるか、熱量をもってコミュニケーションをしようとしたら、大抵の人は面食らうのではないだろうか。気後れしてしまって、毎回、声をかけられなかった。

その研修に背中を押されるように、いつも「今日、最善の支援をしよう。」と思って学童での支援を続けていた。そこには「子どもの最善の利益」という価値観が念頭にあったのかもしれない。「児童の権利に関する条約」で謳われているその文言は、児童福祉が目指すべき指針だと思っていた。

でも、私の姿は、周囲からすれば子どもが言うことをなんでも聞いてあげているようにしか見えなかったのだろう。ほかの支援者からは「それでは子どものいいなりだ」と言われたりした。それは「理論だけでは意味がない」という批判だった。私が子どもに一度伝えて届かなかった言葉でも、根気強く何度も伝えていく姿もまた、「子どもが分からなくても、ただ注意して満足するだけ」というように見られていた。ようするに、私の大事にしたいことは何も現場では共感されていなかったのだ。

学童で専門性を高めていこうと意気込んでいたが、若い支援者が何をしたところで、従来の人の考え方や価値観は変わらない。相手を否定しても意味がないし、私も自分の正しさを主張したいわけでもなかった。ただただ、分かり合えなかったのだ。

福祉の現場での「理論への非難」や「大学への懐疑的な考え方」について、学問とはどのような意味があったのか、実践と理論の関係について、ここで一つの答えを出したいと思う。

大学生の頃に学童での実践と学問としての福祉で日々学びを深めていた私にとって、それらの一番の学びは「福祉とは何か」「福祉とはどこを目指しているのか」がはっきり分かったことだと思う。

「人権」、「社会正義」、「平等な社会」といった福祉的なキーワードを並べていくと、福祉の実践とはいかに他者を理解して関わるか、という方法論に行き着くし、理解ができて関わることができるということは、相手と共に生きることを肯定し、お互いに認め合える社会づくりの模索へと収れんされている。誰かを拒絶したり、罰を与えたりするような関わりは、そこにはない。つまりはこの価値観は、相手に対して最善の関わりをしていこうという姿勢を形作っていく。

特に印象に残ったのは「児童の権利に関する条約」だった。中でも衝撃だったのは、最善の権利と、遊ぶ権利の保障であり、子どもには子どもの権利があるという考え方だった。つまり、遊ぶことは権利だと。成長発達は権利だと。そして、子どももまた、一人の人間として尊重されるべき人権があると。そういうことが書かれているのだ。

自分の成育歴と照らし合わせたときに、自分の考えを尊重してくれる大人がいただろうか。それを、誰もが「わがまま」や「甘い」という言葉で一蹴してこなかっただろうか。そうか、それは権利だったのだ。あのとき感じてきた様々な葛藤や揺らぎは承認されてよかったのだ。「権利」という文言が、絶対的に自分のことを肯定してくれていた。

だからこそ、それは衝撃だった。それを教えてくれた学問は私にとって、指針だったのだ。だから私は福祉を絶対的に信じて、やってこられたというのもある。もしも世界人権宣言が差別や迫害を肯定していたら、世の憲法が人権の侵害を肯定していたら、私は福祉を、ひいてはこの世の中を信じていなかっただろうし、もしかしたら職業選択の段階で人生を投げ出していたかもしれない。

学問で大切なことは「知識」を学ぶこともそうだけれど、「高い価値観を学ぶ」ことにあると思っている。子どもが遊びたいと主張したときに、それを「わがまま」や「好き勝手なことを言っている」と見るのか、「権利」として見るのかではその接し方がまるで変わってくる。高い価値観は支援を更新するのだと思う。学問で身に着けた技術や知識をどの方向に向けて使えばいいのかまで知って初めて、実践で活かせるのではないだろうか。

子どもは大人の言うことを聞いて当たり前。言うことを聞かない子どもはダメな子ども。いい子以外認めない。そのような価値観が世に浸透しているとしても、福祉がサービス業であるならば仕事として目指すところは、最高の支援になるはずだ。子どもを否定するというのは、客を否定するのと同じではないか。

ある研修で心に残ったのが「この仕事は優しい人間を育てる」という議論だった。学童の指導員としての存在意義について、この仕事がどこに向かっていくのかについて、出席者で討論する形式の研修だった。話の中でこの仕事への想いとか、先行きの不安とか、どのように仕事をする気持ちを持ち続けられるかの話をしていて、それでも「この仕事が好きだから続けたい」という話は聞いていてとても面白かったし、その熱量が嬉しかったのを覚えている。職場で批判をされたことで、揺らいでもいた。大学で勉強してきたことは意味がなかったのだろうか、と思った矢先に、こうして気持ちを同じくする人たちに出会うことで大きな勇気をもらったのだった。

第2章　児童福祉から障害福祉へ

1 再始動——学生時代の問題意識を抱えて

障害者と聞いてあなたならどのような印象を持つだろうか。

私の場合は率直に言うと「何をするか分からない人」「何を考えてるか分からない怖い人」「考えることが苦手な人」という印象で、否定的に見ていた。それでも、私はそれまで働いていた児童の現場から離れ、「障害」の分野へと転向することに決めたのだった。

なぜなら、目標であった学童の世界に飛び込み、望む職場で働ける日々は間違いなく幸せだったが、「もやもや」が大きくなっていったからだった。「もやもや」の正体は、罪悪感にも似た感情だった。大学の頃、児童養護施設で目にしたのは、親と切り離されて生きる子どもたちで、関わって感じたのは、拭いきれない憤りのようなものだった。私は自分にできることは何だろうかと考えていた。でも、自分一人が努力したところで何も変わらないという気持ちも、心のどこかにあった。私は一体何のために社会福祉士を取得したのか。このままでいいのか。そのような霧の向こうを掴むような感触が、学童で働く中で立ち込めていたのだ。

そのようなもやもやが自分の中でもう見過ごせなくなるくらい大きくなってきたときに、知人から紹介されたのは、グループホーム（正式な福祉サービスの名前は『共同生活援助』というのだけれど、これではイメージが伝わりにくいので以下グループホームと記載する）で生活する、知的に障害があったり精神の病気があったりする人たちの支援を行う仕事だった。

ご飯を食べ、仕事や作業所など、日中は出かけ、帰宅すれば夕食をとり、入浴や洗濯などをして就寝をし、休日はゆっくりくつろいだりする。グループホームは４ＬＤの一軒家で、利用者が一人ずつ居室として使っていた。そこでの生活の流れは多くの人がするのとだいたい同じだ。起床し、ご飯を食べ、仕事や作業があれば日中は外出し、帰宅すれば夕食をとり、入浴や洗濯をして就寝をする。

障害の程度や苦手得意も千差万別で、「障害のある人はこれができない」と説明するのは難しい。苦手さの種類を大雑把に言うと、文字の読み書き、計算、予定を立てる、覚える、感情のコントロール、などがあるだろうか。そういったことを支援者が生活を見ながら困ったことがあれば話を聞いたり、入浴や洗濯を促したりする。

学童で子どもと関わり、グループホームで成人の知的障害者と関わる。この対比から感じたことは、児童養護施設の実習を思い起こさせるものがあった。学童の場合、親がいて、帰る家と寝る場所があり、一緒に誰かと過ごす場所がある。こういう人たちにとっての日常とはいわば当たり前の生活だと思う。グループホームでは、親はいても不仲で関わりが薄かったり、親の事情から一緒に住むことができなかったり、物心がつく頃には施設にいて職員が親代わりだったりすることもある。こうした場合、家族が身近にいるというのは、きっと当たり前ではないのだろう。

そういう人たちの人生の物語を対面して聞いたとき、学童とグループホームの利用者の境遇の差には既視感があった。児童養護施設で実習をしていたとき、「自分には何もできない」と思ったのだ。時を経て、あのときの挫折感が、私をここまで連れてきてくれたのかもしれない。今ならできるかもしれない。という思いを持てた。挑戦しようと思えたのだ。

今までずっとかかっていた靄《もや》のようなものが晴れた瞬間だった。

これはグループホームと学童の両方を経験して分かったことなのだけれど、「学童」での仕事は、しっかり学べばどの福祉へも通用し得るということだった。かつて言われた「誰でもできる」という意見は、大半の相手が健常児であるからこそ、間口が広いことを意味しているのであって、誰もが指導員としての素質を持っていることを意味したものではないのだ。専門性も必要だし、健常児ならではの難しさだってある仕事だ。職員数人で何十人もの児童を何時間も通して支援をするということが簡単なわけがないのだ。

確かに学童で必要な専門性というのは、介護や障害理解のような分野に特化したものではないかもしれない。しかし、それは裏を返せば基礎に根差しているとは言えないか。福祉の根源に通じ、稀有な福祉実践の現場ということではないのか。ここで培える利用者への精神性は、どの福祉業界へ行っても、通用すると思っている。福祉という業界の中に確かに学童も位置しているという確信には、分野を変えなければ、きっとたどり着けなかっただろう。

二つ返事で引き受けたグループホームでの仕事は、最初の頃は意気込んでいて、夢中で働いていた。勉強して、考えて支援して、研修を受けて、また考えての繰り返しで大変だったけれど、グループホームが現場には一人で入る仕事だったこともあり、やるしかないと思っていた。

2 知的に障害があることを踏まえて

障害を知るということはどういうことなのだろう。何度も忘れてしまう利用者に対して、私は「これが一体いつまで続くのか」と途方に暮れるような気持ちになることもあった。その過程で「障害とは何であるのか」というのを地道に考えて試行錯誤をしてきた。

障害者を否定的に見ていたのは、ただ私が知らなかっただけだったということが、彼らの話を聞いて分かってきた。彼らは人から理解をされにくく、生きにくいだけなのではないか、と思うようになった。その原因にあるのが障害だと理解はできたが、障害を理解することは本を読んだとしてもとても難しいものがあった。1章であったような、子どもへの分からなさは教科書には書かれていなかったように、そこには「定義」しか書かれていなかったのだ。

ここから障害についての学問的な定義について簡単に触れたい。「社会生活」や「日常生活」において何らかの困難を「障害」と呼ぶとき、障害とは「個人」の原因と「環境」の原因があると考えることができる。

たとえば「注意欠陥多動性障害」にとっての障害は個人の原因だと「不注意」や「多動」「衝動性」ということになるが、環境の原因だと「周りの騒音」や「周囲にいる人」ということにもなる。自閉症スペクトラムにしてもそうだ。「周囲の人とのコミュニケーションの取れなさ」は障害になるし、「環境の変化」

もまた「障害」となる。本人の有する障害の種類、程度によって、「障害」の度合いが異なるし、さきほどの話を踏まえると他者がその人をどれだけ理解しているかどうかよっても、「障害」というものは変わってきそうだ。「障害」という言葉を「生きにくさ」と言い換えると、分かりやすいかもしれない。

ということは、十人の障害者がいればその障害の現れ方は十通りあることになる。そう考えると、十人の子どもがいれば支援も十通りあるという学童の支援にも通じる部分を見出すことができる。分野は違えど支援の考え方には共通したものがあるのだろう。学童で培った感覚を頼りに実践をする日々だったが、子どもと関わるときのように、心を込めて感情を入れて叱る、ということをしたが、彼らにはまるで響かなかった。

衣類などのこだわりを持っている利用者を見たときに、「こだわり」が障害なのか、と考えると、そうかもしれないけれど、こだわりがあるから駄目ということにはならない。何かを教えるとして、それが「分からない」、からといって、どのように言えば分かってもらえるのかを考えなくてはいけない。しかし、「分かった」と言ってくれても同じことを繰り返したりすると、本人でさえも分かっていないかもしれない「何が難しいのか」ということと丁寧に根気強く向き合っていく必要がある。

グループホームは、一人で現場に入る仕事だったから、いつも「これでいいのだろうか」と不安を感じていた。心細さもあったと思う。自信をなくすこともあった。それでも、今ならできると思ったからこの業界を選んだわけだし、もうできないことで自分に失望するのは嫌だった。努力が続けられたのは、それが自分の中で約束したものだったからなのかもしれない。

i　家出をする

問題行動。その背景。心の動き。それはどれほど関わろうとも簡単に変わるものではなかった。自分の支援を責めても何もならないし、利用者を叱責しても、意味がない。何をどのように生活環境を設定して（枠を作る、という言い方をする）その行いの重さを伝えていくのか。

知的に障害がある以上、利用者が理解できる概念や言語には制限があることを前提にする。約束事を書面（書面にするにも、漢字やひらがな、行の長さに気を遣わなければ意図が伝わる書面にはならない）にしたり、面談で気持ちを聞いたり、新しい仕組みを生活に取り入れてみたり、それは生活全体の試行錯誤だった。

たとえば、利用者が家出をしたとして、その利用者に「どうして？」と聞いても、「分からない」と返ってくる。

このような応答を何度したとしても意味のある回答が得られるとは思えない。むしろ「仕事どう？」とか「何にイライラしていたの？」と聞いていった方が、その輪郭には近づける。パターンを見つけ出し、問題が生じないように生活を設定しなおす。本人の生活に楽しみがないようだと分かれば増やしてみる。増やしたら次の不満が出てきて文句を言い、本人は「前にホームを出て行ったら楽しみが増えた」ことに思い至ったならば、また家出をするかもしれない。そういう危うさと隣り合わせで生活を構成する。本人に分かるように説明をしながら、（それでも、何かの不満やつまずきで、家出をしてしまうかもしれない）その繰り返しを延々とする。知的障害の支援とはこのような構造をしている。

パターンの繰り返しは意味づけなどの認知を含む、学習機能が阻害されているからだと、彼らを見ていて思う。学習機能に応じて心理的な発達が緩慢であるということでもある。

物事の構造を理解し、改善をするまでに時間がかかり、パターンを変えない限り、その結果はいつまでも繰り返される。パターンによっては、人一倍物事に取り組める可能性も秘めている。

具体的に何を変えるか。どうやって行動のレールを敷くか。そのために何を考えるか。

「そういうものだから」「みんなそうだから」という当たり前のように共有できる考え方が、利用者にうまく伝達されないもどかしさはついて回る。さらに、実際に改善しようとしたときに、心が変化を受け入れるだけの器がまだ出来上がっておらず、混乱や怒りを誘発する可能性もある。その一連の過程は「どのような言い方（伝え方）なら分かりますか？」という試行錯誤によって、実践としてのパターン化をいかに図るか、という取り組みに収れんされる。

ii 買い物をする

知的に障害があるとしても、彼らは成長する。いろいろな人と話していて、障害とは成長しない、というイメージを多くの人が持っているように感じて、「障害」について改めて考えたい。

たとえば年齢が四十歳。三桁の足し算ができない。とする。ここでは、三桁の計算を学ぶのは、小学三年生くらいだと仮定する。小学三年生よりは能力的には劣るかもしれない、四十歳。この姿を、多くの人はどのように捉えるだろう。「それが障害だから」と言ってしまえばその通りなのだけれど、支援者としては、せっかくなら生活にも役立つし、少しでも計算ができるようになってほしいと思う。計算を身につけてもらえるように支援をしていこうとするとき、どうするだろうか。

具体的には、「筆算ができない。一桁の計算ならできる。繰り上がりは分からない」というような人にどうやって計算を教えようとするだろうか。

これは実際に私が対応した一例だ。

お金などの物を使って具体的に数えてみるとする。支援者は電卓を差し出してみて、利用者が使うなどして、その人がどこまで理解ができて、どこから理解ができないかを、まずは知ろうとする。

利用者は一から九まで数えて、十になった途端に「分からない」と言う。

支援者は十円玉を出して、「これは？」と聞いてみる。利用者は「十円」と答える。

次に支援者は、片方の手に一円玉を十枚のせて、もう片方の手に十円玉を一枚のせて、それぞれ見比べて、「同じ十円」という確認を利用者と一緒にしてみる。そのときは利用者は分かるかもしれないが、次の日になったら「分からない」と言う。また教える。その繰り返し。
さて、ここであきらめるか、可能性を信じて教え続けるか、支援者は考える。「そのときは分かるのだから、教え続ければ、いつか理解できるのではないか」と期待して、試しに毎日やってみる。半年後、利用者は一円が十枚で十円、という概念が理解できている。すると、十円が十枚で「百円が分からない」と利用者は言う。また支援者は一緒に数えるという作業をくりかえす。

障害の程度によって差はあれ、知的障害のある人を相手にして教える、ということは、このような根気強さを必要とする。私が根気強く教えることができたのは、前述したように、転職をして意気込んでいたというのもあるし、「障害があるとはどういうことなのか」について深く理解しようとしていたのもある。1章で子どもと関わるときに手探りだったように、障害のある人を知るには、とにかく関わるしかないと、経験則からくる予感があったのもある。これは形を変えてより難度が高く、同じようなプロセスを辿っていくものなのだと思ったのだ。このようにコツコツと関わっていくのが私の性格に合っていたというのもあるのだろう。

この支援の目標は「計算ができる」になるのだけれど、その達成が何を意味しているのかに支援をする人は目を向けたい。利用者の生活の何が変わるのかを考えてみる。大雑把な足し算ができるようになる。それはお金を使えるようになるということであり、自分のできる範囲が広がるということであり、生活を主体的に営むということにも繋がっているのではないか。

このようにして計算を覚えていった利用者を見て、かつての私の上司は「障害の概念が覆った」と言った。その人は「障害者とは一生そのままで、成長はしないものだと思っていた」と語った。

生活の中で選択肢が増えるということは、利用者の生活の豊かさに繋がる。大切なのは、自分で能動的に選択・決定し、主体的に自分の生活を営むことだ。選択肢の多さが重要なのではなく、自分で選んで決めている、ということの有能感や主体性が、何より人として大切なのだと思っている。

自尊心が損なっている、あるいは自己肯定感、自己有能感の低い多くの人が受動的だ。彼らは自分の意志決定を過小評価している。他人の声に大きな影響を受けてしまう。あるいは失敗を過剰に恐れていたりもする。できないという思い込みがあるのかもしれない。

自分で決めることの大切さは、さかのぼると幼少期の遊びの段階で表れている。人から指図されて遊ばされているものは、遊びとは言わない。主体的に、自分で創意工夫を凝らすからこその、遊びだ。

学童で言えば、支援者は子ども同士を結びつける接着剤であり、新たな方法を考える提案者であり、現場と理想の調整者である。支援者は主役ではない。遊びというものが、成長発達に大切な意味を持っている。そういうことの理解は、福祉全般に共通する「自己決定を大切にする関わり方」を支援者に育ませてくれる。

知的に障害があっても、成長はする。それは曲線ではなく、ステップ・バイ・

ステップの階段状であると思っている。障害の程度とは、その段差の開き具合であると、私は捉えている。

3「自立」と「幸せ」

支援者が利用者を支援しようとしたとき、どうすれば今の生活がよりよくなるかを考える。あるいは、どうすれば状態をなるべく維持できるかを考える。過度に支援に取り組むあまりに、その努力が悪影響を生んでしまうことがある。たとえば、このような場合を考えてみる。

利用者に熱い想いを持って入社した若い社員が、利用者のためを思って日々支援に励んでいるとする。その若手社員は、次第に施設内の利用者のことが分かってくる。そのうち支援の計画を作ったり、担当についたりするようになる。すると、「この人のことを一番理解しているのは自分だ」と思ってくる。

利用者を最も理解しているという自負があるからこそ、「利用者のためを思って考えた」支援の計画の通りに利用者を促そうとする。しかし、利用者も一人の人間だ。必ずしも自分の思ったようにことが運ぶとは限らない。うまくいかない現状を見て、焦りとも不安ともつかない感情が自分の中で渦を巻く。「こんなに思いをもってやっているはずだから、自分が間違っているはずがない、一生懸命に伝えたら、利用者は分かってくれるはずだ」、と思う。一生懸命に関わろうとするがゆえに、支援とニーズが一致していなかったことに支援者が気づかなかったら、どこでそれに気づくのだろう。成長させるためのプロセスは大事だと思う。ただ、その歩みは、利用者自身の手によって進められなければならない。成長はさせられるものではなく、自らの自己決定で選ぶものだ。その歩幅も、速さも含めて。

私自身が、グループホームのある利用者の保護者から言われたひとことが、今も忘れられない。

「あなたたち支援者は、利用者の自立ばかりを考えるけれど、利用者の幸せや充足を考えていない。支援で本当に大切なものは何か、考えてほしい」

当時の私は、頑張っていたことにうぬぼれ、自分の考えた支援が正しいと思い込んでいた。その利用者は作業所に通って数万の工賃を稼いでいた。生活のための貯金に充てることを私は最優先していたので、小遣いのやりくりについて、「先々のことを考えて必要最低限に抑えるべきではないか」という意見を持っていた。「小遣いを僅かでも高めて毎日が少しでも充実するのはどうだろうか？」という考えも利用者の家族から挙がったが、私は余暇や遊びの面まで目が行っていなかった。全くの否定はしていなかったし、定期的にそのような取り組みはあったのだけれど、それでも、余暇は人生を豊かにするためではなく、仕事を頑張るための気晴らしという認識だった。そうして貯金をするべきだ、という意見の私と人生の充実を求める家族とですっかり意見が対立してしまっていた。そしてその一言を言われるのに至ったのだった。

今振り返ると、制限が過剰だったかもしれない。もっと話を聞いたり、本当に欲しいものが何かを一緒に考えたり、頑張らせるだけではない、何か豊かさを目的とした関わりがあったのではないか。

本当に大切なのは、私のやりがいや達成感ではなかった。正直、私の中に評価してほしいという承認欲求があった。それを利用者に求めてしまうと、結局苦しいのは利用者で、私はそのような姿を願っていたわけではなかった。利用者の幸せな生活を願っていたし、尊厳を持って生きていってほしいと思っていた。そのための支援のはずだった。

「どうしてこうなってしまったのか」

「私は何を見落としていたのか」

記憶を辿ったけれど、どこまでが虐待ではない支援で、どこからが虐待にあたるのか。その境目が分からなかった。もしかしたら、最初から違っていたのかもしれない。

当人が望んでもいない成長はただの強要であり、支援者の正しさの押しつけにしかならない。そのプロセスは、ただ支援者から言われたままを行うだけの受動的なものだ。利用者が本当に何を望んでいるのか、想像することはできる。同時に、分かったつもりになることも簡単だ。だからこそ、簡単に勘違いもする。その容易さと、本当の理解の困難さには隔たりがあることを、覚えておきたい。

人を支援するということは、言葉で語るほど簡単ではない。そもそも支援とは、難しいものだ。資格があればできる、知識や資格があれば誰でもできるというものではない。技術だけではない、「人と関わる」という根源的な能力が必要なように思う。それを「コミュニケーションスキル」と言うには、言葉の意味する範囲が狭い気がして。でも、「共感能力」とも違う。ただ理解すればいいというものでもない。「支援をするのに必要な能力とは」を語るのは容易ではない。もしかしたらとても感覚的な、理論や理屈では説明しがたい、根源的な「何か」であるようにも思う。

4「ただの他人」から支援は始まる

人が成長していくプロセスには、他者への信頼が土台にある。その土台を愛着と言い、すべての人間関係の基礎になっている。

生まれてから誰かと結婚するまでをおおまかに追うとこのようになる。

生まれたばかりの新生児は親に依存するしかない。必要なのは自分が泣いたときに傍にいてくれる存在であり、空腹になったら母乳を与えられ、排泄をしたらおむつを替えてもらえる存在だ。親に依存して、世話をしてもらうことで得られた「安心感」が積み重なると、「この人は何かあったときに傍にいてくれる」という経験による信頼感もあいまってより強い安心感になる。この感覚は「この人は裏切らない」という絶対的なものになる。

この段階から、人間関係の素地作りは既に始まっている。それは人を信じる、という感覚を知る、ということでもある。

人を信じ、安心するに従い、挑戦したくなってくる。依存している人から離れていくことは、それだけで冒険だ。帰ってきたら、親はいつもと同じように、あたたかく迎え入れてくれなければならないが、これが親の機嫌次第で迎え入れることがあったり突き放すこともあったりすると、経験則から生じる安心感は、得難くなる。信頼感はなおさらだ。

傍にいる見守り手が変わらずにいてくれることをより所にして、人は挑戦を繰り返す。そういう場所を、そもそも人は求めている。家が帰るべき場所だとするなら、信頼のできる人の存在は、それだけで戻るべき場所にもなりえる。

次第に、その距離感は離れていく。心の中に根づくからだ。（自分の中に取り込む、とも言う。）いなくなっても平気になってくる。自分の意思を持ち（自我、とも言う。）反発や反抗もしたくなる。より離れようとする。自分の考えと向き合い、親の考えを知り、葛藤の中で、また一つ、進んでいく。そして親に頼るでもない、自分の力で生きていこうとするとき、自分はこの社会で、どのような意味があるだろうかと考える。自分を活かすための方法を模索し始める。それと「仕事」が重なったりするかもしれない。そこでつまずくと、自分は生きている意味がない、と自信を失ったり、社会は自分を必要としていないのではないかと恐怖することになってしまう。

しかし、不安にあっても「自分は絶対に大丈夫だ」という感覚や、「帰る場所がある」という確信があれば、そのような状況でも前向きに取り組めるだろう。そのとき人は外側の世界にも似たような場所を見つけ出すことができる。あるいは作り出すことができる。もしかしたら好きになった人と一緒に、家庭や家族を作るのだろう。

そして、もしも好きになった人との間に子どもができれば、自分がされてきたように、ごく自然に子どもにしようとする。何か親から与えられた苦痛があるとするなら、また子に与えてしまうことを繰り返すかもしれない。これは不適切に育てられたらこうなる、という話ではなく、ごく一般的に、人は与えられたものを他人にも与える。育てられたように、育てるという話なのだ。


ここで書いたような話は発達心理学という分野の「発達課題」という理論でまとめられている。この理論の大事なことは、乳児期、幼児期、などそれぞれのライフステージに克服すべき課題があることを提示していること。そしてこの段階をすべて完璧に達成している人はいないことを示唆していることだ。「完璧な人間はいない」こう書くと、誰もがうなずくと思う。

けれども、それが意味することを、時々人は忘れてしまう。完璧ではない、不完全ともいえる存在である人間が人間を育てるのだから、そもそも人を育てるという過程は、難しいものなのだ。見方を変えると人間は、生涯成長し続ける存在であるという点も見逃せない。

これらを踏まえて感情を考えると、とても扱いが難しい性質であることがうかがえる。家庭の育児で、仕事の指導で、あるいは福祉の現場で、感情的に湧き上がるものや、自分で律するのが難しい心の揺らぎというものは、自分と相対した人との発達課題が対になって表出する場合がある。自分が成長してきた過程で、置き去りにしてきた部分や育っていない部分が、対応する課題を有する人に向き合うことで否応なく引きずり出される。

だから、理性で律することはとても難しいのだ。当時の未解決の課題が感情となって現れるからだ。支援をしていくためには、この自分自身の感情を自覚し、理性を働かせて、感情と思考のバランスを常に取りながら、思い込みや価値観に気づいて受け入れていく、ということの連続が必要だ。福祉の仕事とは、言うなれば、心のアスリートのような性質がある。（学童で私が感情的になっていたのは、当然の流れだったのだ。）

ここまで人が成長していく過程と必要な関わりを追ってみた。これらを支援の現場に当てはめて考えたとき、利用者の「成長」の流れはこのようになるのかもしれない。

支援者は信頼関係を利用者と築いていく。お互いにどのような人なのか、支援者が耳を澄ませるように、利用者もまた、耳を傾けている。その駆け引きのような応対の中で、過去の経験を引き出しとして、自分の価値観と照らし合わせながら、線引きや姿勢を含めた関わり方が自然と決まっていく。両者にとっての距離感が、決まってくる。そこからの関係性の変化もまた、同時に示唆をされながら。

信頼関係は、成長発達を促すための基礎となるものだ。支援者を信頼した利用者はその言葉を信じようとするだろう。励まされれば意欲が湧くかもしれない。それはあらゆるパートナーシップに通じるものであると思う。信頼の仕方はそれぞれにある。その人の行動で判断するかもしれない。言葉かもしれない。表情や雰囲気かもしれない。しかし、支援者が手応えを感じていても、利用者の感じ方は違っていて、表面的に、そう振舞っているだけかもしれない。反対に支援者が利用者の拒絶を感じたとしても、その態度の反面で、利用者は希望を胸に、支援者との関わりを切望しているのかもしれない。

両者の心の動き、価値観や反応、そこから選ぶ行動。ありとあらゆる要素が絡み合いながら、関係とは作られていく。その中には、願いも含まれる。その合致とすれ違いを絶妙に繰り返しながら、ほんの少しの期待と、ささいな失望を経ながら、水面下の心の動きと感情が、表面的な言動を連れてくる。

つまり、知識や理論は、その表面的な言動を専門的にコーティングするというだけで、関わりの質というものは表面的な言動の水面下にあるその人の考え方や受け取り方に伴う反応の仕方でほぼ決まってくるのではないか。利用者から一言を投げかけられたとき、それに対して支援者はどのような態度で、どのように反応し、どのような言葉を返すのか。そのたった数秒かもしれない時間の積み重ねで、信頼関係は作られていくのだとしたら。関係を作っていくために必要なものとは何であるのだろう。利用者への思いなのか。企業的あるいは職業的な理念か。それだけではないような気もする。もっと根本にある、その人が持つ、人間性とでもいえるようなものが大きく関わっているように思う。知識だけではなく、思いだけでもない、何か。

もう少し具体的な例で考えてみたい。

たとえば利用者の「死にたい」という言葉や「生きるのがつらい」という吐露に対して、支援者はどのような言葉をかけるかを考えてみる。

グループホームで関わった利用者が、幼少期は虐待され、学校ではいじめを受け、誰からも生きにくさを理解されずに心に多くの傷を負い、自暴自棄になり、「死にたい」と口にしたなら、私も「死にたい」と思ったことがあるから共感できることもある。その人の痛みに思いを馳せて、それくらい傷ついてきたのだろう。ということをうなずきながら言葉にしていくと思う。

しかし、「死にたい」と思ったことがない人が支援をするとき、共感はたとえできなくとも、一般常識的に「そんなことを言ってはいけない」と言うのは簡単だし「死にたいくらい辛いのですね」と形式的な技術で返すのも難しいことではない。自分の一言で決定的に相手の未来が決まってしまうような重みのある場面に直面したとき、果たして人はそのような機械的な振り分けで言葉を言えるのだろうか。ただの受け止めとしての言葉と本当にその人の全体を共感した言葉は、含まれる重みが違う。

言葉の定義とか意味の話ではなく、言葉を介してその人と同じ風景を見ようとすること。その人を理解したいと願い、言葉に耳を澄ますとき、決して自分に「死にたい」と思った過去がなかったとしても、全身全霊で共感するとき、まさに「死にたい」と思って苦しんできた人のように言葉を発するのではないだろうか。それは技術的な演出かもしれない。確かに、真剣に向き合うとき、出る言葉はときとして演技のようになることがあると思う。それは心の演技ではあるが、それを欲する人にとっては、「理解をしてくれる（しようとしてくれた）誰かが確かにいた」という決定的な事実にも、なるはずなのだ。誰かが分かってくれたと思うとき、人はその関係性によって孤独感から救われる。一人じゃないと思える。その出来事は、その人を支えてくれるあたたかな体験になりえるのではないか。

知識や技術、思いや人間性。それだけでは足りない。相手との関係性や積み重ねた時間や応答。それらの総和なのか、かけ算なのか。どうやらそこに「いい支援とは何か」という問いへの答えがありそうだ。

第3章　支援の在り方を探して

1 支援者はなぜ必要なのか

ここで改めて、支援の話をしようと思う。支援を行う支援者はなぜ必要なのだろう。

これを読んでくださっている人は「支援者はなぜ必要なのか」という問いに首をかしげると思う。「なにをそんな当たり前なことを言っているのだろう」と思うかもしれないが、たとえば、仕事に就いていない利用者は仕事を願うだろうし、生活が脅かされていれば安心できる住まいを願うだろう。身寄りがなく自活能力がなければ、そういった技術を切望するだろう。「支援者が利用者に仕事や住まいを提供すれば問題は解決するのか」と問いを言い換えるならば、提供した後のことも考えなければいけないことに気づく。仕事には就いたけれど、続かないかもしれない。家庭の環境を整えるためには、まずは家族と距離を取って冷静になる必要があるかもしれない。自活能力のためには、根気強く息の長い努力が必要かもしれず、それが思ったような流れで身につかないかもしれない。必要なものを補って終わる話ではなく、継続的な関わりを指しているから、支援とは難しいのだ。

利用者の願うものが実現するかは、支援の中で、実際にやってみなければ分からない。しかし、支援は利用者の人生を扱う。できなかったときの心理的なダメージなどのリスクも踏まえる必要がある。


福祉サービスとは、支援者と利用者が協同的に関わってなされるものであり、共に作り上げていくものだ。そのためには、まずは支援者が利用者に行う観察と、観察から得られる利用者の状態像の見立て、検証としての実践と試行錯誤という一連の過程を経ることになる。つまりは支援そのものが、利用者への熟考から経た仮説や回答を含んでいる。支援の目的とは「利用者の幸せ」である。一方で利用者の幸せは利用者が決めていいし、何を願うのも自由だ。ただ、それが実際の生活で叶えられるかどうかは全くの別の問題になる。

利用者の叶えたいものを、私たち支援者は「ニーズ」と呼ぶ。それは利用者が生きる限り、願いを持ち続ける限り、続いていく。自己実現は、新たな目標を連れてくる。人の性質は「維持／向上」だ。人とは潜在的に「変化」を含んでいる。

人生をどのように歩いていくのか、という道のりを地図にたとえるならば、その地図も、利用者の変化に伴い変わることもある。支援を「支援者と利用者の関係性から生じる相互作用」と定義するなら、支援の中身がある程度は決まっていても、それは何かの気づきや体験によって劇的に変わる可能性もあることになる。それが良い方向に行くのか、悪い方向に行くのかは、渦中にいる当事者には、分からないかもしれない。

だからこそ支援者は可能性をできる限り検証し、必要な道筋を立て、経過のどこに利用者が位置するかを考察しながら、着実に進んでいく必要がある。人生の長い道のりを旅とするなら、支援においては、現在地を示す地図を、利用者に分かる形で示していく必要がある。

2 支援者は眼になろうとしている

支援対象の利用者が知的に障害を持つ場合、彼らは見通しを立てることが苦手で、考えることも苦手だ。彼らは支援者が当たり前に見える（考えが及ぶ）部分が見えていない。しかし、介護を求められているわけではない。では支援者はどのような役割を担うのだろう。

たとえば仕事に通って遅刻もせず、身の回りのことは何でもできて、ただ見ているだけで、何も手を貸す必要がない利用者がいるとして。自分で何でもできる。そのような利用者であれば何もしなくていいのだろうか。放っておいていいのだろうか。しかし、そのような利用者であっても、ある日突然仕事に行けなくなったら、その利用者はきっと何かにつまずいたのだ。そういうときは、このように振り返りたい。

「会話は大事にしていただろうか」

「話をちゃんと聞いてあげただろうか」
「悩みを相談できるような関係を築けていただろうか」

つまずく原因を探したり、取り除いたりする作業を、適切に踏んだかどうかを、振り返るべきなのだ。

こういう見えないつまずきを突き詰めていくと、実は利用者に限った話ではないかもしれない。私たちの生活においても、進学をする。就職をする。転勤がある。結婚する。育児をする。介護する。転職する。分岐点はいくらでもある。踏み外したりつまずいたりすると、誰もが不安定な状況になるかもしれない。それまでできていたような当たり前のことができなくなることが、あるのかもしれない。突然何かが起こるというのは、実はあまりなくて。少しずつ、日々の生活を積み重ねていって、人は何かを失ったり、不幸になったりする。出来事はそのきっかけでしかないのかもしれなくて。本人が「できているかどうか」は大切だけれども、その生活が「どこに向かっているのか」を考えることも重要だ。そのために必要な「日々の声かけ」、そこから生じる関係の先に「どのような利用者像があるか」の方を大切にしたいと思う。

実は支援者が支えなくてはいけないのは、心や考えのほうなのだ。そのとき、表面的には「安定」しているように見えても、その状態が潜在的に抱える「不安定さ」に気づく。状況がただ安定しているだけのことで、何かの要因が欠けたり、加わったりしたら、途端につまずくかもしれないし、できなくなるかもしれない。

そのような要素は数えきれない。利用者は、点での努力ならできる。今日だけの能力なら、普通の人と変わらない。そういう人も中にはいる。しかし線で見たときにそれは変わってくる。明日のこと、来週のことも考えて、一番の選択を、支援者は知らずのうちにしている。利用者は何気なくやっている行為の一つ一つに、引っかかってしまうことがあるかもしれない。安定した状況とは、さまざまな不安要素が釣り合って、ようやく訪れる均衡であるから、結果として「安定」という形になっているにすぎない、ということなのだろう。

だから、支援者は利用者の分まで、先を見通し考える。一緒に歩きながら、利用者の見ている風景を見て、遠くの景色まで、見通して。利用者自身の「眼」になろうとする。それが、支援者がしていることの一つなのだ。

3「やってあげること」が支援なのか

「支援」には、大きく分けて「サポート」と「ケア」の二つの性質があると思っている。「サポート」は取り組む物事をより促進していくような働きであり、「ケア」は傷つきへの癒しや共感といった苦境への救いのような働きである。これは「支援」の両輪になると思っている。

「支援」と聞いて補助としての（つまり必要最低限の支えとしての）「サポート」の方を思い浮べると、「できるから、問題ない、安定している」と捉えたり、「自分でできるように促さなければ」と思ったりするし、積極的に関わろうとしたら逆に「何かやらなければ、手伝わなければ」と思うことになる。でも、できるかどうかは、「ケア」には関係がない。それはできないことを肯定するような寄り添いでもあったりするからだ。それは父性と母性の関係に似ている。励ますのか、受け入れるのか。その両輪の話なのだ。

サポートの部分が強すぎれば能力の範囲の限界によって上手くいかなくなってくるかもしれないし、ケアの部分が多すぎれば、逆に意欲の部分で停滞してしまうこともある。ケアの要素を強めて近寄りすぎれば、依存してしまうからだ。ときとして、誰かに何かをやってもらうことに慣れてしまった利用者は、支援者が言うことを聞かなければ逆上して、自分の意のままに他人を動かそうとすることもある。逆に支援者と利用者の距離感が遠すぎれば、頼れずに孤立させてしまうことだってある。基本的に支援の主体は利用者にあるから、利用者本位でなければいけないが、支援者には「支援」を成立させるために立ち位置を明確にした役割や関係性の線引きが必要になる。大切なのは、「支援」のための関係を支援者がどのようにデザインするかということだ。

「どのような立場からの声かけが一番伝わるだろう？」

「どのような眼差しを持って接すれば届くだろう？」

そう考えたときに、互いの立ち位置のために、お互いを守るために、支援者は線を引く。依存が苦しみを生むことは多くの人が知っている。支援者の関係性がもしも利用者に合っていないのだとしたら、苦しんだり傷つくのは、最終的には利用者なのだ。叶えたかった未来はそこにはなかったりする。社会的な常識や正しさを図る物差しが、すべてにおいて当てはまるとは言えないのが難しい。

4 支援における価値観とは

生活、障害、そして幸福、それらを踏まえて考えていく支援は、正解がないような気がしてくる。支援者の価値観とは真逆の様子が、利用者本人にとっては幸せであることさえありえるからだ。そういうとき、支援者は「こうあるべき」という、自分の中にあった価値観を真っ向から否定されることになる。自分とは相反する価値観を持つ利用者を許さないのか、受け入れるのか、という判断も含めて、関わっていかなければならなくなる。ときには激しい感情や、苛立ち、自分の価値観に従わせようとする心の動きや葛藤が、生じるかもしれない。結局は自分とは異なる人をどのように許容していくのか、という話になる。

利用者の「幸せ」が本人にしか分からないことが、支援をさらに難しくさせる。その本人がそもそも「幸福とは何か」を解っていないのなら、なおさら支援の先にある利用者の幸せを見出すことなどできない。支援者が「想像」して、なるべくそこに近づくための努力をするしかない。そのために大切にしたいことは、支援場面は仕事であっても、利用者にとっては人生（の一部）ということだ。この両面を常に意識しておきたい。私たちの仕事がどこまで利用者の人生に重なっていられるか、支援によって何が形になるかはその重なり合い次第だと言える。

善悪の判断基準の最高峰は憲法による。その次が民法であり、条例であり、それぞれ国の慣習、地域・家庭の風習、と降りていってその人のルールになる。それぞれの家庭環境が違うとしても、そこで得た「社会の中で守るべき規則」というのは多くの人が共有している。それらをひっくるめて人は「常識」や「規範」と呼んでいる。

けれども、この常識がずれていたら、感覚的に違っていたら、現れる言葉や態度も違ってくる。それらは、「何を許して、何を許さないのか」ということに集約される。そうなったときに、支援者はただ利用者の前に立っているだけで、利用者にとっては社会の接点となり、社会の代弁者となる存在とも言える。

それは支援の在り方とも重なる。何を教えるべきで、何を課題とするのか、ということだ。支援の正解が「利用者の中にある」とするならば、支援の命題は「支援者の中にある」とも言える。

だから支援者は、何が正しく、何が間違いであり、善悪というもの、許されるものと、許されないもの、「規則とは」「生活することとは」、つまりは「生きることは何か」ということを、支援を通して自ら表現したり体現したりしていくことになる。利用者に伝え、示していくことになる。

利用者への支援とは、そうした問いかけへの回答のように思う。この社会で生きるための自分なりの哲学だったり思想だったり、信念や価値観からなる解答について、利用者を通して、「自分の存在をかけて答えなさい」と求められているようなものかもしれない。そこで根本的に誤った支援があるとするならば、それは、誤った生き方を利用者に示している、ということでもあるのかもしれない。

しかし、生き方に正しい間違いという物差しは持ち込みたくはない。人生という体験は、地球上で自分だけが得られる稀有なものだと思っている。人はかけがえのない（替えが利かない）存在だ。もしも「仕事だから」や「利用者だから」という理由をつけて、本心ではない支援をするとしたら、「人として何を大切にするのか」という、何か交換できないものを、犠牲にしているかもしれないと思うことがある。そうなったとき、人は対価と引き換えに、何か大事なものを失っているのではないだろうか。逆もしかりであるならば、ときには人は仕事を通してかけがえのないものを得ることだって、あるのかもしれない。

5 福祉という会社、支援者という会社員

支援者が持つ支援の引き出しの中から、最高のものを目の前の利用者に与えようとしたとする。そのとき、支援の先にある利用者の最善の姿を「自立」とするのか「ありのまま」とするのかでは、たとえ「利用者の成長」という目標が同じだったとしても、支援者の姿はまるで違ってくるのではないだろうか。

最善の支援をしようと思ったとき、いろいろな選択肢の中から選び抜いた、支援者なりの答えがあるはずだ。それを、最も考えた支援ということで、ここでは「最考の支援」、という呼び方をする。それは「どのように支援をすればいいか」に対する答えだったり、「何をもって支援とするか」という問いへの自分なりの定義だったりする。

「支援」の本質とは、「支援者の在り方」そのものだとも思える。支援者は、利用者のために持ちうるすべてを駆使して、取捨選択し、洗練させて、関わっていくことになる。支援者は利用者のためにある。それは一つの関係において

はそうなのだろうけれど、私自身が長く福祉の現場に携わってきて、どうもそれだけではないようにも思っている。

ここまで読み進めてくださっているあなたは支援者を、企業組織の一員として捉えたことはあるだろうか。

福祉の仕事を目指しているときは、支援を必要としている人の支えになりたい一心で、就職活動を行うかもしれない。でも、私はこの「支援者も組織の構成員である」という事実を、しっかりと意識しておくことは、支援の在り方を考える上で大切なのではないかと思っている。

支援者を雇用しているのは、大抵、一つの組織であり、法人や企業である。支援者の大半は、そういった組織から雇われて、顧客である利用者の支援を行い、労働時間の対価として給与をもらうことになる。この場合、「支援者は利用者のため」に働くが、一方で雇い主である「企業のため」に働いているとも言える。さらに企業とは、人の集合である。社長なる組織のトップがいて、運営をする役員や理事からなる総会があり、その下に役職者や正規・非正規職員がいて……と、ピラミッド型に指揮命令系統ができあがって、組織というものは成り立っている。

そうすると、支援者は、利用者のためでありながらその実、指示を仰ぐ上司や所属している組織のためにも、働いていることになる。

支援者は、確かに利用者のために働いているというのは事実だ。しかし、個人経営でもない限り、その収入は組織の収入になる。利用者のためだけに、自分がいるわけではない。企業の理念が、「この組織は顧客のために存在している」、とその存在意義を掲げているにすぎない。組織に加わった以上、前提として企業理念に共感・賛同しているということになるし、企業理念の体現者として、目の前の顧客に関わることを約束することになる。働くということはそういう性質を持っている。

支援者にとって、顧客である利用者と信頼できる関係性を作っていく作業は必要ではあるのだが、それ以上に、自分の所属する組織の人たちとの関係作りが重要ではないかと思っている。なぜなら、個人的な努力と同時に、組織的な連携が必要だからだ。

利用者を支えるのが支援者だとして、支援者を支えるのは誰なのかを考えてみると分かりやすいかもしれない。支援者が利用者に望んだことが、その通りになることは多くない。

仕事とはときとしてとても理不尽だ。利用者と関わることは、やりがいもあるけれども、地味で報われず、大変なことも圧倒的に多い。この大変さも喜びも、守秘義務を負っている以上は不特定多数の他者と共感できるものではなかったりする。唯一、仕事の苦楽を共感できるのが、支援者同士の関係によるものだと思っているし、だからこそ、支援者は互いに支え合いながらやっていくことが必要になる。

それにも関わらず、支援者が誰かの支援をけなしたり、一方的に否定したり、認め合わない姿を見るのは、とても寂しい。そういうとき、誰の支援が正しいとか、誰の支援が間違っているとか、利用者の存在を置いて支援者同士でいがみ合っているように感じることがある。支援について考えるとき、考えるべきは「正しいかどうか」ではない。利用者（の状態や段階）に合致するかしないか、であるはずだ。支援の苦しみも、喜びも、分かち合うために必要なのは、誰が正しいかとか、偉いかとかに関係なく、立場や経験を超えた、共感と受容に基づく励ましの姿勢ではないだろうか。企業的な視点で見ると、支援者はたった一人で支援をしているわけではないのだから。

1章の中で、利用者にとって支援者が不要になっていく過程を喜べないと、この仕事は虚しくなるのでないか、と述べた。これは支援者が利用者のほうを向きすぎているからこそ起こる話であって、ここに先ほども少し触れた「利用者−支援者−組織」という三者関係を持ち込むと、話は変わってくる。

支援者の力を利用者に向けるのは真っ当だが、問題になってくるのは、支援の結果として支援者に還元されるべきものまでをも、利用者に求めることにある。要するに支援者が利用者に対して見返りを求めたり、過度に成長を期待したりしてしまう、ということだが、ここに組織との関係を持ち込むと、支援者と利用者との関係は風通しがよくなる。お金の流れから言っても、それは言える。利用者に力を向けた支援者は、その還元を給与や賛同、承認といった形で組織から受ける。組織には、構成員同士の承認や受容、励ましが求められ、その努力に応じての見返りは待遇面の改善になる。自分を中心とした、利用者と組織の関係性を明確にし、その関係の中で力を与えることと、その還元を受け取ることを循環させていく。

その一方で、支援者は絶対的に、利用者のために存在していることは忘れてはならないと思う。福祉の仕事においては、働く意味や、意義、理念や目的など、すべては利用者に集約される。しかし、「利用者のために」という想いが大きくなりすぎてはいけない。支援者は他人だ。家族でもない。友達でもない。支援とは、真っ白な他人から始まった関係で、あくまでも利用者と支援者としての関係でしかない。ここを押さえておく必要がある。

支援者はその時々で必要な役割を担う。親のように、友達のように、あるいは先生と生徒のようにもなる。でも、大前提として、そのどれでもない、「支援者」として、利用者の前にいる。ご飯を作るだけが仕事ではない。家庭や学校における育ちと同じだ。ご飯を食べさせるだけが養育ではないし、勉強を教えるだけが教育ではない。支援者は目の前の利用者と関わり、振り返りながら、一つ一つに答えを出して、向き合っていく。

人と人との繋がりとは、物で釣るのでもなく、過剰な罰則や称賛で繋ぐのでもない。サービス業として見るならば、良い支援と悪い支援の差は、この「関係の純度の高さ」にあるのではないか。

通常、客は商品を得るためにお金を払う。福祉においては、形のない何かを「してもらう」ためにお金を払うことになる。ここでの商品は支援者という「人」そのものと言えるのではないだろうか。

第4章 「児童」と「障害」の領域を超えて

1 幸せな生活とは

支援で、よりよいものを求めていくとする。そうしていくと言葉は選び抜かれていき、関わりは自然と意識的になり、それらは利用者の生活全体の向上へと繋がっていくように思う。そうして追及していったとき、利用者の願いに歩み寄りながら、支援者の想いを支援という形に表していったなら、行きつくのは「ありのままのその人を認める」という普遍的な関係のような気がしている。どこまでも上を目指しているようで、矛盾しているようだけれど、究極的には、そのままでいいのだと認めてしまうような、あたたかな家族や友人などに認められるような関わりだ。

特別な配慮が必要だと思われる人への支援が、結局のところ普遍的な関係性に落ち着くというのは逆説的に見えるけれど、人と人との関係というものは、いわばコミュニケーションだ。それは関係の根幹にあるもの。支援を必要としている人との間にある、互いの「分からなさ」が障害になっていると考えたとき、それが技術的な関わりによって取り払われたなら、そこに障害がなくなったなら、彼らは果たして私たちと違う「特別な人」になるのだろうか。私達の認識や社会の在り方が、彼らを「特別」にしてしまっているのではないか。普通の関係をつくることが着地点ならば、幸せもまた、そういうことが言えるような気がしている。

人によって何に幸せを求めるのかは違う。それぞれに異なる幸せの中で程度が最高のものをここでは「最幸」と呼ぶのであれば、それはある人にとっては「おいしいもの」かもしれないし、大好きなアイドルかもしれない。最新のゲームかもしれないし、何もせずにごろごろとくつろぐことかもしれない。支援者の考え方や価値観とは外れたところに、誰かの「最幸」があるかもしれない。そこに支援の着地点を認めること。それを利用者のリアルな幸せとして認めることができるかどうか。その人が変化すれば幸せの形も異なってくる。それぞれの人が、今の自分に合う、自分だけの幸せの形を追い求めている。

当たり前なようで、実は見落としがちなこの視点を、忘れないでいたい。幸せとは叶えるものではなくて、その状態にあるということ。一生をかけて変化し続けるもの。人生とは、このようにして続いていくもの。人生にこそ寄り添える支援を。そのように、支援をしていきたい。

2 グループホームについて

私が学童の次に就職した施設は、三つの事業所を運営していた。ここでは各施設がどのような役割を持っていて、どういう方向を目指すものなのかを考えたい。これは理想かもしれなくて、実態とは違うこともあるかもしれない。それでもこれら事業所が抱えている命題は突き詰めれば、種別や業界を超えて、一つの支援の形を示しているような気がする。

一つは障害者が入居する共同生活援助（グループホーム）だ。利用者がここに辿り着く過程は、大きく二つに分かれる。一つは親の高齢化や養育能力の不全によって、家に代わる場所を探す場合。もう一つは、虐待や離別、あるいは暴力などによって家庭とは切り離された環境で生きていくことを余儀なくされた場合だ。後者の場合に、利用者が「児童養護施設」などの「児童」の施設に在籍している場合、グループホームに移行するということは、単に住まいが変わるということではなく、「児童」施設から「障害者」の施設という大きな「切り替え」を経験することを意味している。

社会福祉で扱う領域がまるっきり変わるため、利用者の扱いも「措置」から「契約」へと変わる。契約の主体者が利用者自身になるのだ。今までは「措置」として、一方的に大人たちから決められてきたのに、突然「大人だから」「契約だから」と「自分で決める」ことを余儀なくされて「障害者」の施設にやってくる。この葛藤や戸惑い、あるいは心細さや自らの境遇に対する不条理への怒りはどれほどだろう。このような境遇の多くの利用者が、大人との関わりで傷ついてきていた。子どもは大人の言うことを聞いて当たり前。言うことを聞かない子どもはダメな子ども。良い子以外認めない。そういう圧力の中で自分を押し殺して努力し続けて、結果的に自分を追い詰めて苦しんでもいた。

だから、利用者の多くが、そうした大人たちへの怒りをあらわにしていた。

精神的な未熟さもあって、世の中への考え方や大人への見方など、物事の考え方が屈折しているものの、心は大人になってきている分、関わり方には細やかな対応が求められる。子どもに寄り添うように繊細に関心を寄せながら、大人であることを尊重して意見を大事にして、それでもすべてを受容するのでなく、世の中は（施設は）こうなのだ、と決まりを守る大切さを伝えていく。彼らは少しでも自分が軽んじられた、損なわれた、一方的に決められた、と感じると、支配されてきた感覚や怒りに伴って、感情が高ぶってときには暴力に出たり、またあるときは出て行ったりした。内的な課題が行動化してしまうこともあるのだ。

自主性を尊重しながら、自我を育てていくことがいかに難しいか。社会的な規範を示すだけなら簡単だが、彼らは社会から半ば迫害されるような環境で生きてきた人たちだ。そういう人たちには、正しさを示すよりも、その境遇への全体的な受け止めが必要な気がしている。

苦しさを一緒に受け止めながら、生きて行くことや前向きな選択を選びなおす。一見すると支援者がいいなりになっているように見えるかもしれないし、全然支援になっていないように見えるかもしれない。でも結局そこからしかやりなおせないとも思う。傷ついた経験があって、心がある一時点で立ち止まっているなら、そこまで下りて行って、共感して「痛かったね」と寄り添って「一緒に頑張っていこう」と語りかけたい。

支援者は家族ではないが、家庭的な構造を利用して、「父」や「母」などの役割を技術的に演出していく。彼らはグループホームでの生活を通して、これまでの人生の中で損なわれていたものや得られなかったものを少しずつ手にしていくことになる。しかし、これまでの経験の中で蓄積したぬぐい切れない大人への不信感から、本当に自分のような存在に愛情や共感を与えてもらえるのかと恐怖を感じたり、信じられなかったりする。だから、まずは他者を信じることから始めることになる。しかも、こういう状況下にある彼らの多くが、そもそも自分を信じられていなかったりする。支援の過程で、彼らは失われたものを取り戻していく作業が必要になってくる。

利用者は契約に伴い、居住空間は施設になる。施設が家になる。そこでの支援は朝と夜の食事提供と見守りだ。利用者の生活の流れを把握し、仕事や日中活動先へ行けるように流れを整備して、帰宅して食事から入浴、睡眠～翌日の起床までが滞りなく行えるように見守り、支援を行うことになる。朝食、夕食の提供とは、ただそれだけを指しているのではなく、起床と就寝の流れを含むことも意味している。施設によってはそのような人員配置が組めないかもしれないけれども、一日を一般的な勤務の8時間で朝と夜とで分けるとだいたいそのようになる。グループホームで働く支援者は、生活の流れを組み立てながら、同時に利用者の障害の傾向、苦手な生活場面を汲み取ることが必須になる。その人なりに主体的な生活ができるように見守っていく。

グループホームという場所での支援は、「利用者に何をするか」に目が行きがちだが「利用者にとって支援者がどのような存在か」ということも実は大切になってくる。支援者が持つ「家庭」や「家族」の感覚が如実に表れるからだ。たとえば支援者の「家」のイメージが「リラックスできる場所」であるなら、きっとそうなるようにふるまうだろうし、「きちんとしつけを教わる場所」であれば、そのように接するだろう。

あるいは、「母」のイメージが、口うるさくて注意ばかりするイメージであれば、そのように指導するかもしれない。「父」のイメージが受容的であれば、利用者がルールを破ったときに、おおらかに受け止めながら優しく諭すかもしれない。

そこにいるであろう「母」や「父」、「妹」や「弟」といった家族について、その役割を支援として再現していく。必要に応じて母性や父性を意識することになる。たとえ用語を知らなくても、自ずとそうなっていくのではないだろうか。

ホームの生活から利用者の生活課題を知り、利用者の状況に応じて、支援者の役割も変えていく。「母の役割」が次第に受容的になるかもしれない。「父の役割」が、より厳格で、ルールに対して明確な基準を示すものになってくるかもしれない。

支援者がここにいて、目の前の利用者がしたことに対して、どう関わっていくのか。生活に必要な要素の全てが支援として問われるのが、グループホームで働く＝生活を支援する、ということになるのだ。

食事や片づけ、門限といったごく当たり前のことでさえも、その意味や意義をきちんと考えた上で、利用者の支援に繋げていかなければよりよい支援とはならない。


「ご飯ってどういう意味があるのだろう」

「片づけるのが大切なのはどうしてだろう」

「門限はなぜ守らなくてはいけないのだろう」


これらに「決まっているから」と結論を出すのは簡単だ。しかし支援者は利用者との関わりで、一つの解を示していくことになる。そのとき、支援者が出した答えが、支援者の行った支援の意味になる。

家の中で人が育っていくとき、参考にするのは自分と親との関係であり、自分の育ち方である。もしそこに何らかの問題があれば、支援者もまた利用者と類似した課題を抱える「当事者」になるかもしれない。利用者と向き合うということは、自分の成育歴と向き合うことも意味している。未解決な課題と向き合うことでもあるからだ。当時の幼かった自分の未解決な感情が引きずり出され、冷静さを欠くかもしれない。取り乱したり、巻き込まれたり、落ち込んだりするかもしれない。

しかし、グループホームは利用者の家であって、支援者の家ではない。支援者には帰る家があり、安らげる場所がある（利用者にとってのホームもそのような場所として在るかどうかを絶えず振り返りたい）。支援者にとって「仕事場」という距離感があるからこそ、その日の自分の言動について振り返ることができ、冷静に、そのときの自分を見つめなおすことができるのだ。家の中で人が育っていくとはどういうことか。支援者は日々考えながら支援をするだろう。そこには育ちなおしの意味が含まれるのだろうし、家族のように利用者の成長を願う眼差しも含まれるかもしれない。その過程で距離が近づいたり、慣れていく時期には利用者の抑圧されていた怒りや反抗期のような激しいものが出たりするかもしれない。あるいは、支援者の方にこれまでの関わりからくる何とも言えない寂しさが表れるかもしれない。

支援者の関わりが、利用者の人生の一部に直接的に反映されていく。そして、支援の結果は良くも悪くも、すべてが支援者に返ってくる、非常にシビアな職場である。しかし、その過程で支援者は何とも言えない絆や情、手応えなどといったやりがいや喜びも感じる。福祉に携わる人の多くが、その手応えを知っている。

母親はわが子を産んだ瞬間から「母親」になるのではない。子育てを通して「母親」という存在へとなっていく。支援者も同じだ。支援者として、利用者の前に立った瞬間から、支援者になるのではない。彼らへの支援を通して、支援者として成長していく。そういう意味では、利用者は支援者を成長させる要因になっているとも言える。

けれども、そう考えると、果たして支援者が利用者を一方的に成長させる、というような図式は成立するのだろうかと、立ち止まってしまう。それは支援者のよりよい在り方なのだろうか、と。何かそこには、支援者側の正しさを誇示するような姿勢がありはしないだろうかと、私は自分を戒めてしまう。自信を持つことは大切だし、毅然とした態度も必要だ。けれども、私はいつも揺らいでしまう。迷いながら、一つ一つ、支援における最善の答えを出したいと、願う。

そこには学びの相互作用があるように思える。利用者も支援者も役割を脱ぎ捨てればただの人で、互いに学び合い、そして成長している。そういう関係性ではいけないのだろうかと、思う。

3 作業所について

作業所（就労継続支援B型）とは障害のある人が日中の活動をするために通う場所のことだ。対象となるのは、働くことが難しい人たちである。ここでは「作業」をしに通うことになるが、働くことが難しいのには様々な要因が考えられる。そもそも通うことが難しいかもしれない。仕事をこなすことに困難を持っているかもしれない。そこには、働く場だけではない「居場所」という側面もあるかもしれない。それは利用する人によって異なってくる。ある人にとっては働くことを目指した訓練、という意味合いもあるかもしれないからだ。仕事のような厳格な指揮命令関係ではなく、かといって対等でもない、だが確かにある上下関係の中で、作業を通して利用者が学べることは多い。

作業所で利用者と関わる支援者は「自分にとっての仕事とは何か」を考えていく必要がある。ある人にとっては「お金を稼ぐもの」かもしれない、またある人にとっては「チームとして使命を遂行するもの」かもしれない。仕事は楽しいものなのか、厳しいものなのか。仕事に対するイメージは、人それぞれである。やりがいについてもそうだ。「お金」かもしれないし、「人間関係の絆」かもしれない。お金のために頑張る人もいれば、上司のために頑張る人もいる。目標を達成するために頑張る人もいる。褒められたくて頑張る人もいるかもしれない。または「生きていくために必要」だと割り切っている人もいるかもしれない。

仕事観や、仕事に求めるものは人それぞれで異なる。当たり前なことだけれども、作業所で支援する上で、とても大切なことだ。

働くことも、通うこともできないかもしれない。それでも、作業所の中に「楽しい」と思えることを見つけるかもしれない。そう考えたとき、作業所での支援を純粋に作業のみだと決めつけてしまっていいのだろうか。

作業所での支援を通して、仕事においてどのようなエッセンスを伝えたいのか。教えたいのは、ある支援者にとっては「責任」かもしれないし「絆」かもしれない。あるいは「役割」かもしれないし「達成した充実感」かもしれない。作業所は作業をするところだが、その当たり前さに囚われないようにもしたい。作業である前に、支援なんだと、忘れないでおきたい。作業という名の支援であると同時に訓練の性質も備えてもいる。それは支援者と利用者という関係の中で相互の理解のもとに与えられ、育まれていくものだ。

4 放課後等デイサービスについて

以前は学童で勤めていたが、そこは健常児がほとんどだった。放課後等デイサービスとは障害児を専門的に扱う学童と考えると分かりやすいだろう。

障害児について考えたとき、「児童」に加えて「障害」の要素が加わることが、どういうことかを考えてみる。

「児童」であれば一般的な教育やしつけの中で自然と成長していくことが想定される。しかし、「障害児」となると、話は単純ではなくなる。「児童」として自然に成長発達する部分と、「障害」としてその伸びしろが阻害される部分が凹凸的に存在するとき、児童特有の「未熟さ」と固有の「障害」の見極めが困難となるからだ。そのため、「障害児」の持っている「伸びしろ」を確かにするための「訓練」が主流になることが多い。体幹の感覚、協調の運動、そうしたものを身につけていく。こうした訓練には「強制」の意味合いを感じやすくなってしまう。しかし、成長することは大人が子どもに願ってやまないことであるから、訓練が悪という話をしたいのではない。子どもが自発的に取り組めるなら、それに越したことはない。どうすれば子どもは能動的に物事に取り組めるのだろう。

「遊び」というものを考えたとき、そこには「楽しさ」がある。「楽しい」ということは、遊びの前提である。その楽しさには、自分で決めるという「主体性」がある。自発的な興味関心意欲に基づいて外に働きかけ、内側の動きを豊かに感じる交互作用のプロセスが「遊び」に凝縮されている。ならば支援者から促されて受動的に遊ぶ姿は、その意味において遊びではなくなってしまっている。遊ばされているだけだ。

「好きこそものの上手なれ」とは真実をついている。主体性はさらなる動きを導くし、動きの呼び水の連鎖は成長の肝と言っても過言ではない。子どもに対する支援においては、利用者が「ハマるもの」を支援者が探すことが鍵となる。何が楽しいのか、何が好きなのか。その試行錯誤の過程を惜しみなく踏んでいく様は、支援というもの、人と人との関係がいかに豊かなやり取りの中で行われているものかをまざまざと見せてくれる。その瞬間にこの仕事のやりがい、醍醐味が凝縮されていると私は感じている。

主体性が他者との関わりで展開されていくとき、物事は複雑になる。お互いの主張がぶつかる。意見が食い違う。そこには葛藤や誤解、感情的な軋轢が起こる。建設的に物事を進めるためには理性を伴う働きかけが必須になる。交渉する、譲渡する。我慢する。それらができずに喧嘩したとしても、支援者に寄り添ってもらったり、なだめてもらったりもする。どうすればよかったのかを一緒に考える。遊びには心の豊かな動きを通して社会性への適応も含まれている。心の発達が知能の発達を支える。その逆もある。身体の動きが心の発達を促すこともある。体を使う外側と感覚的な内側が交互に関わり合っている。訓練がそうだ。これらの要素はどちらも大事で成長発達の両輪だ。

「子ども」に目がいきがちだが、その子どもは「家」から来ている。つまり、子どもの背景には「親」がいるのだ。子どもの関わりが難しいと支援者が感じるとき、それは親もまた感じて、悩んでいるかもしれない、という可能性を頭の片隅に常に持っておきたい。子どもにとって家は、養育の一番の土台だ。それは前述した発達心理の発達課題で話した通りだが、その親が何か問題を抱えていると、それらは子どもにも反映されてしまう。問題は親にあるという話をしたいのではない。親がこうして育てている(育ててきた)という過程には大変な苦労があったはずだ。これは子どもへの支援を通した、親を支えるという家庭支援なのだ。

子どもの成長と発達への障害について考えたとき、「障害」への理解だけでは捉えきれていない領域があるように思う。障害を定義的に知ったところで、それは本質的な理解と言えるのだろうか。

社会福祉士の資格には多くの科目を学ばなければいけないが、その中の医学には「脳とはどのような働きを持っているのか」についての項目がある。そのときは知識としてしか見ていなかったが、実践を通じていくうちに、ふとひらめきのように「障害と脳というのは関係があるのではないか」と思うようになった。

心理学の学びもまた、そのひらめきの呼び水になったのだと思う。「心理」と「障害」の関係には、「医学」の視点が抜けていた。もう少し体系的な言い方にするのであれば「脳」と「体」の関係、さらに五感と情報処理、学習のシステムを理解しておく必要がある、ということになる。また、障害による感覚の育ちが阻害されることによる心理発達の緩慢さも見過ごせない。脳と心と体の関係性から捉えなければ全体は見えないのではないか。

「自閉症」とは何か、「注意欠陥多動性障害」とは何か、という定義の話の中に「障害とは何か」の本質は含まれていない。知的障害とは実はとても難しい領域を扱っているのではないか。人間として備わる機能への障害として捉えると、より違った見え方ができそうだ。

たとえば、肝臓が悪い、目が悪い、などというと身体障害のように見えるが、同様に脳に傷や萎縮があるとしても、いずれも表面的には見ては分からないが、これは知的障害と言うのだろう。

肉体とは別の領域に分けるために、便宜上、脳の障害を知的障害と定める、ということなら納得ができるのだ。知的障害とは、脳という身体の機能の障害であり、精神異常者では決してないのだから、これは広い意味では身体の障害だ。さらに言えば、精神障害の原因となる、神経伝達物質でさえも、脳の内側の神経回路の話なのだから、これもまた身体の障害と言えるのだとしたら、すべては身体障害で、その現れ方が機能的に区別されるにすぎないという見方ではいけないのか、と思うのだ。

また、発達障害を発達に凹凸があるという意味で不定形発達という言葉を使ったりする。障害に目を向けるのではなく、今ある発達の状態に目を向ける。ただの言葉の違いでしかないが、言葉によるイメージの違いが人に与える影響は決して小さくはないはずだ。「障害」という言葉の壁、差別を生む構造について考えたとき、こう考えることでもしも偏見や誤解、先入観がなくなっていくとしたら、その先には新しい視点や可能性が拓かれていくのではないか。私は、最近そう思うようになっている。

5　三事業所から福祉について考える

ここで紹介した三つの事業所は、形体は違うのだけれど、目指しているものは一緒だと思っている。

グループホームは「生活」を通して、作業所は「作業」を通して、デイサービスは「遊び」を通して、支援を行っている。それぞれが目指しているものは、利用者の「成長・発達」であり、「その人なりの理想の生活」である。「児童」

の領域が「成人」の領域とは関係がないというわけではない。人が成長する中で、成長しきっていない部分や、止まっているような部分もある。その課題は、成育歴や家庭環境や親子関係、周囲の関わりによっては、乳幼児、児童期で止まっている場合もある。児童の成長課題を未解決のままで成長した姿の一端を、成人の利用者の課題に垣間見ることもある。それらは繋がっている。

だから、自分の支援する領域とは一見すると関係のない事例を見たときに、自分が所属する福祉事業所と比べて「成人だから／児童だから関係がない」という見方はもったいない。せっかくなら、「あの利用者のこの部分は通じるものがあるかも」とか「あの利用者も子どもの頃はそうだったのかな／あの利用者が大人になったらこの課題を引きずっているのかも」、そういう視点で見たとき、福祉という領域の本当の広大さが見えるように思う。

福祉を考えたときに、「資格」をまずは考える人が多いかもしれないけれど、資格の意味するところは、単なる専門的な知識・技術の担保なのだと思う。私が今いるのは「障害」という領域だけれども、さまざまな分野の勉強は続けながらも、「どこと繋がっていくか」「何が広がっていくか」という点に意識を向けていきたい。

これまで私の所属する福祉事業所について考えてきた。最後に、そのおおもとの「福祉」について考えたい。

「福祉」の「福」も「祉」も、どちらも「幸福」を意味している。なので「福祉」とは幸福を意味する、はずなのだが、社会的に見ると、必ずしもそうとは限らない。

支援にあたって、利用者の今の生活の質が下がらないようにすることを目指したり、今よりもよくなったりすることに目標を設定したとする。しかしながら、それは国の経済発展のように際限なく上がっていくものではない。福祉の目標は、社会的な富や名声を得た成功者や億万長者と同等のものではないからだ。

たとえば生活保護法や生存権では、福祉とは、「健康で文化的な最低限度の生活を営む権利」という意味合いで使われている。
字が示す「幸せ」なはずの福祉は、制度としては「最低限度」のニュアンスを含んでいる。多くの人が「福祉は介護のイメージがある」と語るときに、言いたいことは伝わるのだけれど、「そもそもどうして福祉って限定的な捉え方がされているのだろう」と首をかしげるような部分があった。確かに私にもそういう見方をしていた頃もあった。その先入観を辿ると福祉の仕事にまつわる否定的な印象は、日本の社会制度から発せられるメッセージを発端にしているような気がする。これは日本の話で、もう少し広く「福祉」を見ると、どうなるのだろう。

これを英語にすると、その意味はまるで変ってくる。「福祉」とは「welfare」と言われる。「well」—「fare」、「平等」に「よい状態」をもたらす取り組み全般という意味合いになっている。「wellfare」の目指すものは「well-being」とされている。「よくある状態」であり、満足や充足感といった、満たされている状態を目指している。「最低限度」ではなく、「幸福」だと。両者の価値観の違いには歴史的経緯があるため、その文脈を理解しないと先入観に繋がってしまうように思う。ざっくり言うと、欧米において福祉と宗教は関係があったし、それは戦争とも関連があった。戦争の被害者は障害を持つだろうし、そういった反省と人権は切り離せないし、それらの認識が昨今の欧米の福祉へと繋がっていく。

前に「善悪の判断の基準の最高峰は憲法による」という話をしたけれど、これはあくまで日本という国の話だ。これを世界のスタンダードから見るならば、その最高峰は人権となる。これは法律の話ではなく、国際連合が採択した、国際人権宣言に基づく人権の話である。人としての幸せを考えたとき、すべての人が人としてあるために認められるべき権利と、人が等しく平等によい状態を目指す福祉の在り方というのは鏡写しのように重なって見える。福祉を考えるということは、人権を考えるということなのかもしれない。

この本はあくまで福祉について論じるもので、歴史について語るものではないので詳細は省くけれど、福祉に携わる人が全て福祉の用語や歴史的な背景を理解するべきという話ではない。けれどもこの福祉観を理解した上で、福祉に携わるか否かでは、仕事への目指す地点がそもそも変わってくるのではないか。たとえ日本がその地点と合致していないとしても。より高い理念は、行動原理そのものを変える。

一章でも触れたが、子どもの権利条約には、さまざまな権利が挙げられているが、その中でも「成長」と「遊び」の権利に注目したい。遊びを自分勝手なわがままと捉えるのか、それを成長に必要な権利と思うかでは、捉え方は大きく変わってくるだろう。また、言うことをきかせる対象として不完全な子どもとして関わるのと、最善の利益を考慮し、権利を持つ完成された子どもとして見るのとでは、支援者の姿勢はまるで違ってくるのではないだろうか。

自分の働き方として、その最高に理想的な支援の在り方を目指すなら、支援の先にあるのは人としての尊厳や普遍的な生活の実現に直結する。専門用語でいうと、ノーマライゼーションだったりソーシャルインクルージョンだったりする。福祉とは幸福である。そのためのサービスが支援である。

私は、福祉という仕事をそのように解釈したい。少なくとも生きることが権利というならば、ただ生きればいいというものではないはずだ。どのように生きていくか。当然、その中身が問われることになる。生きて、成長し、老いていく。働き、出産し、結婚する。ときには介護をし、仕事を失い、子育てもする。そうしたことの全ては生きる中で自然に訪れる変化であり、必要な営みだ。それらすべては、当事者の「自分らしさ」の実現のための軌跡であってほしいと思う。きっと誰もがそう思う。

自己実現のための人生であり、生きるということが、すでに一つの自己実現を含んでいる。そういうことの中に、福祉というものは息づいている。少なくとも、対象となる利用者によって、あるいは行政と民間によって、一括りに仕切られるようなものではない。

福祉を問うならば、幸福について問いたい。支援を問うならば、理想を問いたい。理想と現実は乖離するのが常だ。しかしその中でどうやって橋を架け、渡っていくのか。その歩みは利用者の意思と歩みによってでしか実現されない。その可能性を支えるのが支援だ。どうか「仕事」という責務の重さに「幸福」を見失わないでほしいと思う。福祉とは生きることそのものを指している。よりよい支援を目指すことは、よりよい生き方を模索することと同じではないか。

さきほど触れた「ノーマライゼーション」という誰もが普通の生活ができる社会の在り方を目指すこの理念は、国全体に浸透していかないと実現することはないだろう。そう考えていくと、福祉施設の従事者は、社会福祉関連法で位置づけられているから、見方を変えると、すべてその法律の体現者ということになる。いわば、人権の履行者だ。支援者一人一人が努力したところで社会が変わるのかと言えば分からないけれど、でもその権利や理念の実現は間違いなく、支援者の手にあるのだと思う。

(https://elaws.e-gov.go.jp/document?lawid=325AC0000000144_20220622_504AC1000000077)
「生活保護法｜e-Gov 法令検索」より出典

第5章　福祉の可能性を探して

1 社内──社員の悩みを聞くようになって

ここまで読んでくれた方は、福祉が特定の人たちを相手にしていることが分かるだろう。私も福祉を学ぶうちに、たとえば児童や介護といった特定の領域の中から選んできたように思う。しかし、これまでの福祉実践を振り返ったとき、分かったことがある。私はどうやら利用者への支援を通して身に着けた「技術」を活かして、どこまでその領域を広げていけるか挑戦しようとしていたらしい。

2章にも書いたが、学童をやめて障害者福祉施設で働き始めた当初、私は自己研鑽に余念がなかった。とにかくいい支援がしたくて、「やるしかない」という切実な思いを持ちながら努力していた。しかし、今思えば、その熱量にはどこか危うさもあった。

私が勤めていた施設は、当時立ち上がって間もない組織であり、福祉に関して知識のある人も少なかった。働く人が多くなるにつれ、私も含めた職員の多くがいつしか研修の必要性を感じるようになっていた。社会福祉士の資格を持っている私が、研修の講師を担当するようになったのは自然な流れだったが、今思うと私が担当した初めての研修はかなり一方的なコミュニケーションになっていた。最初の頃、私は詰問調で間をあけずに次々と問いかけていたのだ。

たとえば「支援で必要なこと」を受講生に問いかけたときに「利用者に寄り添う」という答えがあったとする。その場合に私はこのように訪ねていた。

「なぜ寄り添うことが必要なのか？」

「作業をしたくない、と言ったらやらなくていいと言うのか？」

「ほかの利用者がその姿を見て、自分も作業をやりたくないと言った場合のことは考えたか？」

このようなことを問いかけて、受講生が答えに詰まると「確かに、見た印象だと利用者に寄り添うのは適切だと思えるが、どのように寄り添うべきか分かっていないのに、正しそうという理由でただ寄り添おうとして、意味があると言えるのか」とさらに問いかけていく。黙ると「なぜそもそも寄り添うのが大事だと思ったのか」と聞いていく。黙り込むことさえも許さないような緊張感に耐え切れず泣き出す人もいた。研修を受け持って気負っていたし、参加者には福祉を学ぶことの難しさに直面してほしかった。「利用者の人生に携わる仕事なのだから、それくらい厳しい研修で当然」と思っていたのだ。

しかし、研修の仕事も数年続けるうちに、次第に孤独感とやるせなさを感じるようになってしまった。なぜなら、どんなに研修を重ねても、職員は辞めていき、新しい職員の補充がされて、それに合わせて研修がされるということを繰り返していたからだ。この繰り返しを経験するうち、何か意味があることをしているという感覚よりも、虚しさや徒労感の方が強くなっていったのだった。

研修の仕事は、実際に登壇する時間に加えて、資料の用意や研修内容の組み立てなど、多くの作業が伴うものだ。日々の業務に加えて、そうした仕事も増える。従業員が増えればそれだけ研修の頻度も増える。負担は年々増していく。さらにほかの事業所のヘルプもする。そうした日々はまるで山を駆け上がるかのようだった。だからこそ、数年経って息をつくように立ち止まったとき、私は孤独を感じていた。独りで仕事をすることはできないのにも関わらず、一人で頑張ろうとしていた。一人で頑張ろうとする孤独感は、学童に勤めていた頃を彷彿とさせるものがあり、途端に自分の努力がどこにも結びつかないような気がして、つまらなく感じたのだった。「最高の支援を」と急ぎ足で頂上を目指してきたけれど、孤独に気がついたとき、私は福祉実践の登山を下山することに決めた。

別に努力をあきらめたわけではないし、投げやりになったわけではない。ただ、一人で努力を続けながら仕事をすることが苦しくなっていた。仕事ぶりは周囲から評価されていたものの、嬉しさより虚しさの方が大きかった。当時の私の働き方が、いつの間にか「仕事が全て」のようになっていたのだ。仕事の達成感だけをただひたすら求めたにも関わらず、「自分の人生は仕事だけでいいのか」とやりきれなくなったのだ。さらに評価や給料を受け取っても私はもともと自己肯定感がとても低く、「こんなにもらう価値がない」と思ってしまう。その差が苦しかった。

私はどのように仕事に向き合えばいいのか分からなくなりつつあった。「利用者の人生に携わる仕事なのだから、それくらい厳しい研修で当然」だと信じていたが、本当にそうなのだろうか。自分が受講生に伝えようとしていることは、果たして本当に正しいのか、という迷いが生じるようになった。自分なりの答えを模索する受講生の姿がふと、何も分からない中、手探りで支援を考えていたかつての自分と重なって見えた。そのとき私は問い詰めるのではなく、問いかけるような言い方になっていた。私は受講生の答えた「なぜそう思ったのか」に耳を傾けていた。まるで学童で働いていたときに私が私自身に「なぜそう感じたのか」に耳を澄ませるのと同じように。子どもに「なぜ」を問うように。

私ははっとするものを感じた。同じだったのだ。利用者に歩み寄るのも。自分に寄り添うのも。受講生に耳を傾けるのも。すべて繋がっていた。対象が違うだけで、学童で働いていた頃に支援を変えたプロセスとまるっきり酷似していたのだ。

これまでの研修のやり方を捨てて、私は応答の中で見えてくるものを大事にしようと思った。双方向のコミュニケーションが多くなり、お互いに話し合って、そこから見えるものを大事にする在り方に研修が大きく変わっていった。その人の認識や考え方が、そのまま理解の仕方になる。だから私が研修講師として本来焦点を当てるべきは、どのような理解をしているかよりも、どうしてそのような理解に至ったのか、という思考過程を紐解くことだったのだ。続いての項目で述べるが、奇しくもそのプロセスはカウンセリングにも似ていた。

2 自分——支援のつまずきを機にカウンセリングを受ける

研修の仕事に対してやるせなさを感じるようになった私は、いつしか自分に「思考の歪み」があるのではないかと思うようになった。私の思考は、普通の人の思考よりも被害的だと思う。私は常に、誰も自分のことを理解してくれず、一人で生きていくしかないと思っていた。前の項でも少し触れたが、自分の周囲の人を誰も信じることができなかったし、自分を大事に思えず、給料をもらっても、「こんなにもらう価値がない」と思ってしまう。利用者に尽くそうとして、近づきすぎ、甘えを助長したり、それによって怒りを引き出してしまったり、利用者の反抗と重なって怒りを受け止めながら、「自分なんか価値がない」とより一層感じていく。

この思考が悪い方向へと深まっていくと、私は仕事に対して投げやりになり、支援の困難さと相まって仕事自体を放棄するようなこともあった。人を信じて頼ることができず、自分で仕事を抱え込み、結果としてパンクしてすべてを放棄してしまう。これまで築き上げてきたものを壊すような行動が目立つようになったとき、私は自分の心の内なる失望や怒りと向き合わなければいけないと感じた。そうして、今も受け続けている臨床心理士によるカウンセリングを受けることに決めたのだった。私にとって今の職場は、とても大切な場所になっていた。だからこそ、私は変わろうと思えたのだ。

カウンセリングを受けたときは、子どもの頃の体験を言葉にしては、生きていたくない、というような悲観的なことをよく言葉にしていた。

カウンセラーはその言葉に対して共感したり、なぜ人生に失望するようになったのかを辿ったりしながら、丁寧に私の気持ちに共感を重ねてくれた。私なりに心理学を学んできたので、どういう技術を使って応答しているのかはなんとなく感じられ、心理学の技術の使い方みたいなものをリアルに学べることができて、とても刺激的な時間だった。

その一方で、技術で言っている、と感じられたときは醒めたりもした。しかし、人を信じることができてない、と気づいた私にとって、自分の体験を隠さずに話すことに意味があるのだ。話した後は毎回ぐったりと疲れたが、必要なことだと思った。カウンセリングに行きたくないと思うこともあった。自費でお金を払い、苦しい思いをして、心情を語る。わざわざ時間をかけてカウンセリングルームまで足を運ぶ。でもそれは全て「自分のため」にすることだ。その苦しみも過程も労力も。自分のためにする、という気持ちで行うから、意味があるのだ。

そうやってカウンセリングの回数を重ね、私の気持ちが落ちついてきたころ、私の心持ちと現在の福祉業界の問題が、意外なところで繋がっていることに気がついた。

私はこれまで、毎年のように仕事やプライベートで何らかの問題を抱え込んでしまっていた。たとえば、毎回のように困難な生活課題を持つ利用者が入ってきたり、その対応に追われる最中にも研修があったり、そうして疲労が重なって体調を崩したり、ということがあった。「なぜ私だけ、いつも大変な想いをしてしまうのだろう」と思っていたのだが、カウンセラーと話をする中で、私の「自己犠牲」の精神がそのような問題を引き寄せてしまっていることに気がついたのだ。

カウンセラーの言葉の中にあった「自己犠牲」という言葉には、響くものがあった。

確かに私は自分のことを後回しにしている節がある。自分が大事ではないのか、というとそうではない。でも、自然と自分をないがしろにする方向に、進んでいってしまう。そうして日々を過ごす中で、自己犠牲にならない生き方とはなんだろう、と思った。「私はやらない」という選択肢はない。そういう物事がたくさんある気がしていた。だから、「自己犠牲をやめるとはいったいどういうことなのか」を、カウンセラーに聞く必要があった。そこでの返答は意外すぎるもので、「自分の本音を無視しない」ということだった。でも、腑に落ちるものもあった。私は「仕方ない」ですべてを片づけて、自分の本音に耳など傾けていなかったのだ。

カウンセリングを終えて、私が心の中で何を言っているのかにようやく耳を澄ませたとき、心の中の私は、とても怒っていた。

「僕を無視するな。大変なことなんてしたくない」

子どものような私が、駄々をこねていた。しかし、心の声を聞いてあげても、それまで自分の本音と向き合ってこなかった私は、だんだん疲れてしまう。私はまたもやどうすればいいのか分からなくなってしまった。心の声は「聞いてあげること」が目的なのではなく、聞いて、理解をしてあげることが大切なのだ。そして大人の自分と子どもの自分が一緒に物事に取り組む。

心の中の自分と社会と関わってる自分が限りなく自己一致できるように、自己対話を重ねながら、自分が自身と協力し合う関係を結ぶということだった。

ただ、このことを理解した今も、私は自己との対話を模索中だ。これを書いている直近では、私は「しなければいけない」ことで心が埋め尽くされていることに気づいた。それはなんて息苦しい生き方だったのだろう。もしかしたら、誰かの手によって心が損なわれてきた一方で、実は私は自分の手で自分の首を絞めるかのように苦しい方へと追いやっていたのかもしれない。

そのことに気づいてからは、一度立ち止まって、本音を聞くようにしている。そして「どうなったら嬉しい？」と自分に聞いている。とりあえずはそうすると落ち着くことに気づいた。まだまだ手探りだ。私の心の旅はもうしばらく終わりそうにない。

ここで少しだけ、私の経験をより俯瞰的な視点で話してみたいと思う。どういうことかというと、「自己犠牲」の言葉に響くものがあったのは、自分自身の内面に気づけただけでなく、福祉業界の性格にも思い至ったからなのだ。福祉を志す多くの人が「利用者のために」と、熱い想いを掲げている。利用者のために働く姿勢は間違ってはいない。しかし、その感情は自分を顧みない姿勢へと傾いてしまう。そうすると、自分が何を感じているかがだんだん分からなくなったり、余裕がなくなってきたりする。でも、素直な感情が、支援のヒントになることはたくさんある。利用者とのやり取りの中でイラっとするのは、幼少期から蓄えた怒りかもしれない。それは、距離感に気をつけよ、というサインだし、「何かおかしい」と感じさせる人に対して「何を言うか」を考えるのは、支援を形作る大事な要素だ。

しかし、「利用者のために」と支援者自身の感情に蓋をして、利用者の言うことをすべて受け入れたとしたら、それは支援者の善意と自己犠牲に寄りかかって成立する関係でしかない。その支援者が欠けたら、結果的には、利用者の周りには日々の生活を支える人が途端にいなくなってしまう。支援者が「自己犠牲」を続けた先に、最終的に困るのは利用者なのだ。現在の社会は、福祉の技術や知識、利用者の権利ばかりが注目されて、意外と「支援者自身を大事にする」ということは関心度が低いのかもしれない。福祉の技術とはつきつめると、相手を理解し、自分を伝え、自分を大事にしつつ、相手も大事にすることを可能にする、柔軟で豊かなコミュニケーション能力へと結びついていると言えるのだ。

3 社外――SNSで悩み相談をするようになって

カウンセリングを受けるようになって、一番の変化は、自分の受けたカウンセリングのように、利用者の話を聞くことができるようになったことだった。「感情や常識で〇×をつけるのではなく、まずは共感を挟む」というような心構えができたのは、意外にも一番影響を受けた部分だと思う。

それができるなら、従業員にも話を聞けるだろう、と面談でカウンセリングを意識して聞き取ったときに、手応えを感じた。それによって、仕事のつまずきの背景にある心理的な問題に目を向けながらやりとりができるようになっていったのだ。私の働き方自体が、誰かのために何かをしようとする動機から始まったので、これなら誰か困っている人の相談にも乗れるのではないか、と関心がより外側へと広がっていき、知り合いの相談も受けてみるようになったのだった。多くの人が子育てや親との関係、または恋人との関係や仕事の選択など、いろいろなことで悩んでいて、私はその話を聞いて、一緒に考えて、解決できる方法を探してみる。自分なりの方法を見つけて、取り組んでいく過程を、応援していく。そういったカウンセリング的な関わりを、周囲の人に行うようになっていった。

ＳＮＳで悩み相談を始めてみると、これまた、恋愛や子育て、精神的な病気だったり、仕事だったり、いろいろなことで多くの人が悩んでいた。

ＳＮＳでやりとりをするのは、とても手軽だ。私がカウンセリングで体験したようなしんどさがあれば、すぐに切ることもできる。心の課題に向き合うことを支えるだけの関係性がそもそも作りにくく、すぐに関係が切れてしまう。また、「なんのためにこんなことをしているのか」と怪訝な反応をされ、偽善だ、と批判をされることもあった。自己満足では、と。また、過度に寄り添ってもらえるものだと期待をされたり、問題を解決してもらえるものだと勘違いして話す人もいた。「あなたに話して意味あるんですか？」と言われたこともあった。

私は別に料金など設定していない。働けない。働いていない。収入がない。そういう人にお金がかかるありきで話などきけるだろうか。話を聞いてもらえる人間関係が周囲にあり、医療機関に通える人は、その関係性があることで、将来的には半ば問題が解決されることが見込まれる。

一方で、私がこうして話を聞いている人たちは、そうした関係性のない孤立した人たちで、こういう人が多くいて、社会的に注目されず、必要な関わりがなされず、そして当人たちもどうしていいか分からない。そのような人たちをこそ、手を差し伸べるべきなのではないか。問題意識を感じたなら、まずは自分がやってみようと思ったのだ。

こういう誰かに手を伸べる働きかけがもっと気軽に、フラットになればいいと思う。「無償」にもかかわらず「一度手を伸べたら最後まで責任を」とか、「丸抱えして面倒を見る」というような関わりはきっと苦しくなって続かない。その時々で、手を伸ばせる人が、「大丈夫?」と声をかけるような気軽さで支え合えたらいいなと思う。

このように、いろいろな人の話を聞いてきて思ったことは、仕事や人間関係などで悩んだときに、適切に解決策が分かる人が周りにいない場合、どうすればいいのか分からないまま人生が行き詰ってしまいやすくなるということだ。家族にも友人にも共感されない悩みを誰もが抱えるリスクがあるにもかかわらず、そういったことに世の中は無頓着というか、当事者になるまで無理解でいられてしまうのがこの社会の現状だと思う。

ただでさえ情報は書籍、インターネットサイト、ＳＮＳなどで溢れていて、必要なものが分かりにくくなっていることもある。ある人の言っていることが、また別の人と真逆であるというのもよくあることではないだろうか。そうなると情報を求めても結局どうしていいかが分からないことになる。理解ができたとしても、本当に正しい情報が分かりにくく、物事に対して表面的な解決しかできないような状況ではないか。

福祉に関心を払わないまま生活ができてしまうという社会の現状は、障害のある人に理解を示さない人を多く生み出していく。この構図は先ほど問題視した内容とどこかで結びついている気がしている。

たとえば、知的障害の人が何か事件性のあることをして、ニュースで取り上げられたとしたら、その記事を目にした人が「知的障害の人は何をしでかすか分からず怖い人たちだ」という偏見を持ってしまうとするなら、知的な障害のある人への理解の仕方は表面的になり、彼らのリアルな生活苦はテレビのニュースの向こう側でしか垣間見えず、実際には当事者は孤立して苦しんでいく。そのような流れがありはしないだろうかと私は危惧している。

社会福祉とは人への理解と悩みの解決を目指したものだが、そのために必要なことはとても多くある。障害について、心理について、制度について、いろいろなことを理解する必要があるというのは、これまでの章で書いてきたことだ。障害の理解だけでは表面的な関わりになってしまい、結局課題が解決されないままで困っている当人の人生の時間だけが過ぎていく、ということが起こってしまう。もしくはより一層利用者の状況は悪くなってしまうことがある。私も失敗をしてきたが、知的障害の分野の支援のやり方には知的障害の人は見通しを立てるのが苦手だから、日々の計画を立てれば支援ができる、という考えがあるように感じていた。でも、考えるべきは、問題点そのものではない。問題が起こる背景となる、これまでの育ちや心の在りようの方なのだ。

福祉とは、人に対して多角的に理解をして関わるということで、それが障害や児童や各分野に枝分かれしているというだけで、基本的にはどの分野にも共通するものはあると思っている。総合的に人を理解する、という視点は万人に通じるものがあるのではないだろうか。

実は悩み相談を募集したときに、精神的な病気や、障害のある子供の育児など、福祉的な悩みを扱うことを想定していた。しかし、実際には仕事や恋愛や人間関係や進路で悩む人が実に多くいて、驚いたことに、その多くが、周りの人たちから孤立を感じていて、一人で悩んでいた。相談はできている(人もいる)のだけれど、答えが表面的で、何か明確になったような感じがしない。悩みに至るまでの経緯に理解をしながら共感して聞く、という社会福祉士からしたら基本的な傾聴を実に多くの人が求めていた、ということだったのだ。研修や面接に携わっていること、そして福祉的な支援などの経験から、それらの悩みの解決を手伝ってこられた、というのが私自身でも意外だったが、いろいろな人の悩みを聞くというのは、福祉の可能性を感じた体験でもあった。

このような、話を聞いて悩みなどに答えていく技術は会社からもらったものだと思っている。つまりは社会との繋がりから得られた能力なのだ。だから、できることなら、それは社会に返していきたいと思う。一般の人の話を聞くことで、そういうことに寄与できるなら、それはとても豊かな循環だと思うから、私はこれからもいろいろな人を理解していきたい。願わくば、私との対話を通して、福祉の考え方に興味を持ってもらえたらうれしい。

可能なら、優しくされたり、理解をされた人が、悩める他者に寄り添えるようになれたら、社会は巡り巡って優しくなっていくのではないだろうか。

きっと、この本を手に取ってくださった方は福祉に興味があると思う。もしかしたらこれから福祉の仕事をするかもしれないし、実際に仕事をしているかもしれない。福祉を学校で学んでいる最中なのかもしれない。そうした方は、きっと想いがあるのだろう。

福祉業界の実際は業務が忙しく、余裕がない日々かもしれないし、自分の熱量と現場に温度差を感じることもあると思う。私が言いたいのは、決して自己犠牲をよしとせずに、自分の人生の幸せについてもあきらめないでほしいということだ。自分が幸せだからこそ、他者の幸せも応援することができると考えている。そして、福祉を仕事として見たときに、たとえ想いが形にならない（評価されない）としても、支援に磨きをかけることはどうか忘れないでほしい。もしかしたら技術と理想や現場の理解の仕方がかみ合っていないだけなのかもしれないのだから。前述したように、福祉の技術というのは高めれば誰にでも通じるようになる。つまりは自分の力量としてちゃんと還元されているはずなのだ。だから思ったようにいかないとしても、自信をもってほしい。自分を信じてあげられるのは自分だけなのだから。

社会や他者から受け取る声に埋もれがちだが、ほかでもない自分の声も、大事にしていいのだ。福祉を善意だけが支えるボランティアにしてはいけない。だからこそ、福祉に携わる人は専門性を求めるべきだと思っている。それは働く個人を、そしてその業界を、関わる利用者を支えるために必要な、根幹となる。

あとがき　技術と人間性の間にある支援を探して

本書を読んで、あなたはどう感じただろうか。

まえがきでは、あたたかな気持ちがベースにあることを前提として、「技術」の使い方が大切なのではないか、という話をしてきた。ここではもう少し視点を変えて、両方大事だとして、そのバランスのとり方の話をしたい。

結局「人間性」か「技術」かの話をしたときに、自分らしさや人柄で頑張っていた人が、上手くいかなくなったときに、懸念されることがある。人間性はそう簡単に変えられないということだ。そうなると仕事が上手くいかないと「自分は人として駄目なんだ」、とか「この仕事に合っていないんじゃないか」と仕事の成果から人間性の否定を受け取ってしまいそうだ。実際にそういう人の話を聞いたことがあったが、それはとてもきついと思う。

人間性を育てるのは人であるが、「育てる」だけが必ずしも成長ではない。自分に向き合うのも大事だし、議論や意見交換といった人との関わりも大切だ。

だから、「人間性」を重んじて頑張ってきた人が上手くいかなくなったら「技術」路線にアプローチを変える転換点と思えば一つの目安になるし、技術志向の人が仕事がつまらなく感じたり、冷めたように感じたら人間性にシフトするポイントだと思えばいいのではないか。それでも上手くいかないなら、そもそも見方が合致していないのかもしれないし、頑張り方が違うのかもしれない。一度利用者の情報を洗い出したり、自分の気持ちを整理したり、という見直しが大切だ。

「いい支援」とは何か、という問いへの答えを出すなら、変わり続ける利用者の状態に合わせて支援者と共同で生み出される関わりのことを言うのだと思う。常々言ってきたが、一方的ではいけないし、思いの押しつけでもいけない。お互いに関われる接点が確かに存在する関わり。心に根づいていく関わり。それが少しでも未来を明るくすることを信じて歩む過程。支援者も、利用者も一緒に成長して、自分を実現していく。そうした関わりの度合いをさして、私は「いい支援」と結論づけたい。

現場で悩み、もがく支援者に何か与えられるものがあるかもしれない、そのような可能性を信じて、ここまで述べてきたけれど、これを読んだ人が、何か支援の手がかりを得るならうれしい。できることなら、「一緒に頑張っていこう」と呼びかけたい。

金原知宏

社会福祉士

1989年生まれ。長崎県出身、さいたま市在住。文教大学人間科学部人間科学科卒業。学童保育を経て、障害者向けのグループホームに勤務。現在は、現場と社内研修や実習指導者を兼任している。

連絡先

goldenslumber02@gmail.com

参考文献

一番ケ瀬康子　(1991) 福祉を拓き、文化をつくる　中央法規出版
一番ケ瀬康子　(1997)　福祉文化へのアプローチ」　ドメス出版
伊藤重平　(1983)
愛は裁かず　子どもが立ち直る決め手となったもの　黎明書房
内田伸子・見上まり子　(2010)
虐待をこえて、生きる〜負の連鎖を断ち切る力〜　新曜社
高田敏子　(1991)　その木について　花神社
滝川一廣　(2017)　子どものための精神医学　医学書院
佐久本庸介　(2015)　青春ロボット　ディスカバートゥエンティワン
佐藤愼二　(2008)
通常学級の特別支援―今日からできる！40 の提案　日本文化科学社
住野 好久・中山 芳一　(2009)　学童保育実践力を高める―記録の書き方・生かし方、実践検討会のすすめ方　日本学童保育士協会
下浦忠治　(2018)
どの子も笑顔で居られるために　学童保育と家族支援　高文研
東田直樹　(2012)
風になる―自閉症の僕が生きていく風景　ビッグイシュー日本
森崎照子　(2012)
磨き耕す保育者のまなざし　学童保育カンファレンス　かもがわ出版
吉本ばなな　(1988)　キッチン　福武書店
児童心理　(2011)　カウンセリングマインドと教師　№936　金子書房
児童心理　(2011)　思春期のこころ　刊№９３９　金子書房
児童心理　(2012)
小学一年生・二年生のこころと世界　№９４８　金子書房
児童心理　(2012)
小学三年生・四年生のこころと世界　№９５４　金子書房
児童心理　(2012)　子供目線に立つ　№９５５　金子書房

企画　モモンガプレス

福祉《ふくし》って本当《ほんとう》にこれでいいの？
「自立《じりつ》や成長《せいちょう》」「知識《ちしき》や技術《ぎじゅつ》」だけが支援《しえん》なのか

2023年8月21日　初版第1刷
2024年1月25日　初版第2刷

著　者　金原知宏
発行人　松崎義行
発　行　みらいパブリッシング
〒166-0003 東京都杉並区高円寺南4-26-12 福丸ビル6階
TEL 03-5913-8611　FAX 03-5913-8011
https://miraipub.jp　E-mail: info@miraipub.jp
編　集　市岡光子
ブックデザイン　洪十六
発　売　星雲社（共同出版社・流通責任出版社）
〒112-0005 東京都文京区水道1-3-30
TEL 03-3868-3275　FAX 03-3868-6588
印刷・製本　株式会社上野印刷所

ISBN978-4-434-32570-0 C0036